세상에서 가장 귀한 사람

_____ 님!

존재만으로도 세상의 빛이 되는 사람.
지구는 당신을 중심으로 돕니다.
당신이 매일 행복하기를 기도합니다.
당신이 세상에 존재함에 감사하며...

박상미가 응원합니다.

일러두기

◉ 이 책에 실린 필사 문장은 『우울한 마음도 습관입니다』에서 발췌하여 필사하기에 알맞도록 편집한 글입니다.

행복한 마음도 습관입니다

소소하지만 확실한 행복 루틴

박상미 지음

저녁달

프롤로그

아주 작은 반복이 뇌를 바꿉니다

우리가 매일 하는 생각과 행동은 단순히 일상의 습관으로 머무르지 않습니다. 그것은 곧 우리의 뇌가 새롭게 배우고 변화하는 과정입니다. 뇌과학에서는 이를 '신경가소성(neuroplasticity)'이라 부릅니다. 인간의 뇌는 정해진 구조로 고정된 것이 아니라, 경험과 학습을 통해 끊임없이 변화하는 살아 있는 기관입니다. 새로운 길을 내듯 신경세포 사이의 연결(시냅스)이 강화되거나 약화되면서 우리는 조금씩 달라집니다. 그리고 이 신경망의 재편성이 반복될 때, 특정 행동은 점차 자동화되어 우리의 성격과 삶의 방식으로 굳어집니다.

습관은 단순히 반복되는 행동의 산물이 아니라, 뇌의 구조와 회로가 서서히 재편성된 결과입니다. 우리가 반복하는 행동이 결국 우리 자신을 만든다는 뜻이지요. 더 나아가 긍정적인 습관을 형성하는 것은 단지 생활 방식을 바꾸는 차원을 넘어, 뇌의 정서 회로와 동기부여 체계까지 변화시켜 삶 전체의 질을 향상시키는 과정입니다.

새로운 습관의 시작, 21일 법칙

　외과의사이자 강연자로 유명한 맥스웰 몰츠(Maxwell Maltz)는 수많은 환자를 수술하고 관찰하다가 놀라운 발견을 했다고 해요. 성형수술 환자가 수술 후 새로 바뀐 얼굴에 적응하는 데 약 21일이 걸리고, 팔이나 다리 절단 수술을 한 환자의 경우 절단된 팔다리가 여전히 있는 듯한 느낌도 21일 동안 유지된다고 합니다. 자신의 새로운 모습에 적응하고 정체성을 받아들이기까지 21일이 걸린다는 사실을 발견한 것이죠. 맥스웰 몰츠는 우리의 정신적 이미지에 자각할 수 있을 정도의 변화가 나타나려면 적어도 21일은 지나야 한다며 "새로운 습관을 만들기 위해서는 최소 21일의 꾸준한 노력이 필요하다"고 주장했습니다. 이것이 바로 오늘날 널리 알려진 21일 법칙의 기원인데요. 물론 좋은 습관을 만들고 유지하는 것은 평생 꾸준히 해야 할 과업인데, 이를 21일 만에 완성할 수 있다고 말하는 게 아닙니다. 하지만 한 단계 발전하여 올라서고 새로운 차원의 문을 여는 열쇠인 것은 분명합니다.

　21일은 변화와 성장감을 체감하고 새로워진 자아를 만나게 되는 시간입니다. 이는 뇌가 새로운 자극에 적응하기 시작하는 최소 기간을 상징하는 것이기도 하죠. 신경망이 이전의 습관적 경로에서 벗어나 새로운 경로를 탐색하며, 뇌의 회로가 점차 바뀌기 시작하는 시간이지요. 뇌과학 연구에서도 새로운 행동을 짧은 기간 반복할 경우 전두엽(의사결정과 자기조절을 담당하는 영역)과 해마(기억을 담당하는 영역)에서 활성화가 증가한다는 결과가 보고되었습니다. 특히 이 시기에는 '보상 회로(reward circuit)'라고 불리는 도파민 시스템이 활발히 작동하며, 작은 성취에 대한 만족감이 새로운 습관을 유지하도록 동기를 부여합니다.

21일은 마치 울창한 숲에 오솔길이 생기는 것과 같은 시간입니다. 걸을 때마다 길이 조금씩 다져지고, 뇌는 변화의 가능성을 받아들이기 시작합니다. 이때 중요한 것은 크고 완벽한 변화를 시도하기보다 작은 행동이라도 매일 반복하는 것입니다. 그렇게 해야만 오솔길은 점차 길이 되고, 뇌는 그 길을 새로운 '기본 경로'로 인식하게 됩니다.

자동행동이 일어나는 66일 법칙

하지만 오솔길이 넓은 도로가 되기 위해서는 더 많은 시간이 필요합니다. 2009년, 영국 런던대학교의 필리파 랄리(Phillippa Lally) 박사의 연구팀은 새로운 습관 형성에 걸리는 시간을 분석하는 연구를 실행하고, 「습관은 어떻게 만들어지는가: 현실 세계에서의 습관 형성 모델(How are habits formed: Modelling habit formation in the real world)」을 발표했습니다.

연구에 참여한 사람들은 96명이었습니다. 이들은 앞으로 12주 동안 매일 반복할 행동을 스스로 정했습니다. 예를 들어 아침 식사 후 물 한 잔 마시기, 점심 후 15분 걷기, 저녁마다 스트레칭하기 같은 작고 구체적인 행동들이었지요. 중요한 점은 그 행동을 특정한 상황과 연결하는 것이었습니다. '밥을 먹고 나서' 또는 '퇴근하자마자'와 같이 일정한 맥락이 있어야 반복이 잘 쌓일 수 있기 때문입니다. 참가자들은 매일 두 가지를 기록했습니다. 오늘 정한 행동을 실제로 했는가, 그리고 그 행동이 얼마나 '자동적으로' 느껴졌는가. 즉, 억지로 의식해서 한 건지, 아니면 거의 저절로 손이 가는 것처럼 한 건지를 평가했습니다. 연구진이 데이터를 분석한 결과, 습관은 하루하루 조금씩 쌓이는 직선적인 과정이 아니었습니다. 초반에는 자동성이 빠르게 올라가지만 시간이 지날수록 상승 속도가 느려지고, 결국에는 일정한 수준에서 멈추는 곡선을 그렸습니다. 연구자들은 이 지점을 '점근선(plateau)'이라고 불렀습니다.

그렇다면 습관이 완전히 자리를 잡는 데에는 얼마나 걸릴까요? 결과는 사람마다 크게 달랐습니다. 가장 빠른 경우는 18일, 가장 느린 경우는 무려 254일이었습니다. 평균적으로는 약 66일, 즉 두 달 이상 꾸준히 반복해야 습관이 안정적으로 자리 잡는다는 결론이 나왔습니다. 또한 하루 정도 빠뜨린다고 해서 지금까지의 노력이 무너지는 것은 아니었습니다. 작은 실패는 전체적인 습관 형성 과정에 거의 영향을 주지 않았습니다. 중요한 것은 포기하지 않고 다시 행동을 이어가는 것이었습니다.

이 연구에서 중요한 사실을 알 수 있습니다. 21일은 뇌가 변화를 받아들이는 '적응기', 66일은 행동이 무의식적으로 각인되는 '정착기'라는 점입니다. 뇌의 기저핵(basal ganglia)은 반복되는 행동을 저장하고 자동화하는 역할을 담당하는데, 이 과정이 강화되려면 충분한 시간이 필요합니다. 신경과학자들은 이를 '의식적 노력에서 무의식적 자동화로의 전환'이라 설명합니다. 즉, 새로운 습관은 21일 동안 뇌의 저항을 뚫고 싹을 틔운 뒤, 66일 동안 반복되어야 비로소 우리의 일상에서 자연스럽게 실행되는 행동으로 자리 잡는 것이죠.

습관 형성 속도는 개인마다 크게 다릅니다. 어떤 사람은 짧은 기간 안에 새로운 습관을 받아들이지만, 또 다른 사람은 몇 달이 걸리기도 합니다. 이는 의지의 부족이 아니라, 뇌의 학습 속도와 성격, 환경적 요인에 따라 달라지는 자연스러운 차이입니다. 그렇기에 중요한 것은 남과 비교하지 않고, 자신의 속도에 맞게 꾸준히 이어가는 것입니다.

뇌는 속도보다 일관성을 사랑합니다

많은 사람들이 변화를 시작할 때 빠른 결과를 기대하다가 실망합니다. 그러나 뇌과학은 분명히 말합니다. 변화의 핵심은 속도가 아니라 일관성입니다. 짧은 기간 동안 강렬하게 시도하는 것보다, 작은 행동이라도 꾸준히 반복하는 것이 뇌에 더 강한 흔적을 남깁니다. 실제 연구에서도 하루 1시간을 집중적으로 변화에 투자하는 것보다, 매일 10분이라도 꾸준히 실천하는 습관이 더 오래 유지되는 것으로 나타났습니다.

완벽하게 해내려는 강박이 아니라, 작은 행동을 포기하지 않고 지속하는 힘이 바로 습관을 만든다는 것이지요. 우리의 뇌는 결코 단번에 바뀌지 않지만, 하루하루의 작은 반복을 통해 서서히 새로운 길을 만들어 갑니다. 그리고 어느 순간, 의식적 노력 없이도 그 길 위를 걷고 있는 자신을 발견하게 될 것입니다. 다시 태어나는 기적을 체험하게 될 거예요.

이 책은 바로 그 작은 반복을 통해 긍정사고 습관을 형성하는 연습을 목표로 합니다. 매일 따라 할 수 있는 훈련을 담아두었습니다. 하루하루의 기록과 실천을 통해 여러분은 생각의 방향을 바꾸고, 긍정의 길을 습관처럼 걸어가게 될 것입니다.

다시 태어나기로 결심한 당신을 초대합니다

지금 이 책을 펼친 당신에게는 분명히 다시 시작하고 싶은 마음이 있습니다. 하지만 마음 한구석에서 두려움을 느끼고 있을지도 모릅니다. '내가 정말 바뀔 수 있을까?', '지금까지 수없이 실패했는데 또 실패하면 어쩌지?'라는 의심이 떠오를 수도 있습니다. 하지만 너무 걱정하지 마세요. 뇌는 낯선 것을 경계하면서도 동시에 끊임없이 배우고 적응하는 기관이기 때문입니다.

저는 심리학자로서 수많은 내담자와 학생들의 변화를 지켜보았습니다. 한때는 불가능하다고 여겼던 사람들이 작은 발걸음을 내디디며 놀라운 변화를 만들어내는 순간을 수도 없이 목격했습니다. 그리고 그 변화의 출발점은 언제나 거창한 결심보다 작은 반복의 힘이었습니다.

여러분이 21일 동안 변화의 씨앗을 심고, 66일 동안 그 씨앗을 지켜내어, 마침내 평생을 함께할 긍정사고 습관을 만들도록 안내하기 위해 이 책을 썼습니다. 뇌는 우리가 반복하는 행동을 그대로 학습한다는 것을 믿고 바로 실천해볼까요? 긍정 뇌 훈련을 통해 더 단단하고 희망적인 삶을 살아가는 여정에 이 책이 동반자가 되어줄 겁니다. '내가 원하는 나'로 다시 태어나고, 나이 들수록 성장하는 나를 만나는 기적의 순간을 나의 벗, 독자님들과 함께하고 싶습니다.

박상미 올림

차 례

프롤로그   6

생각 습관 체크 리스트   14

1부   나를 사랑하게 되는 21일   16
DAY 1 ~ DAY 21

2부   생기 있는 삶으로 이끄는 66일   230
DAY 22 ~ DAY 66

3부　나를 찾아가는 질문　　　　　　　　　326

Chapter 1　나의 장점과 가능성을 발견하는 질문들　　　328

Chapter 2　삶에 대한 감사와 긍정의 질문들　　　　　340

Chapter 3　운명을 축복하고 삶을 기대하는 질문들　　352

Chapter 4　사람과의 관계 속에서 의미를 찾는 질문들　364

Chapter 5　내 삶의 의미와 존재의 가치를 되돌아보는 질문들　372

Chapter 6　나의 꿈과 미래를 향한 기대를 여는 질문들　380

생각 습관 체크 리스트

자기 돌봄 습관

하루 세 끼 중 적어도 두 끼는 건강하게 챙겨 먹었다 ☐

스마트폰, SNS 사용 시간을 의식적으로 줄이려 했다 ☐

잠자기 전 나를 위한 시간을 10분 이상 확보했다 ☐

운동이나 스트레칭 등 몸을 움직이는 시간을 가졌다 ☐

피곤하거나 지칠 땐 스스로에게 휴식을 허락했다 ☐

감정 인식 습관

내가 지금 어떤 기분인지 스스로에게 물어본 적이 있다 ☐

감정을 억누르지 않고 글이나 말로 표현해보려 했다 ☐

불편한 감정을 느낀 나를 비난하지 않고 이해해보려 했다 ☐

감정의 원인을 파악하려고 노력했다 ☐

혼자서 감당하기 어려울 땐 도움을 요청했다 ☐

긍정 언어 습관

스스로에게 "괜찮아", "잘했어"라고 말해본 적이 있다 ☐
실패나 실수를 지나치게 자책하지 않았다 ☐
긍정적인 말을 의식적으로 사용하려 했다 ☐
아침이나 잠들기 전 나를 격려하는 말을 했다 ☐
거절하거나 경계를 세울 때, 내 마음을 먼저 고려했다 ☐

감사와 긍정 습관

하루 중 감사할 만한 일을 떠올려본 적이 있다 ☐
작은 즐거움을 찾아 기뻐한 순간이 있었다 ☐
내가 가진 것을 인식하고 소중히 여겨보았다 ☐
미래를 긍정적으로 상상하거나 그려본 적이 있다 ☐
일상의 소소한 행복을 사진, 글, 말로 기록했다 ☐

- ◆ 16~20개: 생활 습관과 마음 챙김이 매우 잘 되어 있어요! 이 흐름을 유지해보세요.
- ◆ 10~15개: 나를 잘 돌보고 있지만, 더 꾸준한 실천이 필요해요.
- ◆ 5~9개: 일상 속 자기 사랑과 긍정 습관을 의식적으로 키워보는 연습이 도움이 될 수 있어요.
- ◆ 0~4개: 지금 나에게 가장 필요한 건 '나를 위한 시간'일지도 몰라요. 작은 것부터 시작해보세요.

1부

나를 사랑하게 되는 21일

사람은 스스로를 어떻게 바라보느냐에 따라 삶의 방향이 달라집니다. 매일 나를 다그치며 살아온 이들에게 필요한 건 거창한 변화가 아닙니다. 아주 사소한 한마디 칭찬, 고마움을 떠올리는 몇 분의 시간이 우리의 감정을 새롭게 바꾸고, 뇌를 긍정적으로 재설계하는 시작이 되어줍니다. 이제 시작할 21일간의 여행은 나 자신이 괜찮은 사람이라고 믿어보는 연습, 내 마음을 조금씩 회복시켜주는 작은 마음 돌봄의 여정입니다.

긍정은 선택이고 훈련입니다.
처음에는 어색할지 몰라도, 익숙해질수록 내면이 따뜻해지고 생각이 맑아집니다. 1부에서는 하루하루 나를 응원하는 긍정확언, 마음을 정돈하는 필사, 자기 자신을 칭찬해주는 일기, 그리고 감사하는 마음을 기록하는 일상을 실천합니다.
21일간의 이 작은 반복 행동이 당신의 삶을 조금 더 단단하고 환하게 만들어줄 거예요. 이때 가장 중요한 것은 '내가 나를 포기하지 않는 마음'입니다.

긍정사고 습관을 시작하는
21일 행복 루틴

매일 반복하는 작은 습관이 생각의 방향을 바꾸고, 감정의 흐름을 긍정으로 이끕니다. 이 21일 행복 루틴은 자기긍정확언, 필사, 칭찬일기, 감사일기를 통해 당신의 하루를 따뜻하게 채워줄 연습입니다.
오늘부터, 삶을 조금 더 밝고 가볍게 만들어보세요.

♥ **자기긍정확언 낭독하기**

매일 아침이나 하루 중 잠깐의 시간, 자신에게 따뜻한 말을 건네보세요. "나는 괜찮아." "나는 점점 나아지고 있어." "나는 사랑받을 자격이 있어."
이런 짧은 말이 하루를 바꾸고, 삶의 방향을 조금씩 긍정으로 이끕니다. 심리학과 뇌과학에 따르면 뇌는 '내 목소리'를 가장 강하게 인식하고 신뢰합니다. 내가 나에게 건네는 말은 뇌 신경 회로를 훈련시키는 긍정 연습입니다. 매일 긍정확언을 소리 내어 읽어보세요.

♥ **필사하기**

좋은 문장을 천천히 손으로 따라 쓰는 필사는, 그 말의 에너지를 내 안에 새겨 넣는 과정입니다. 손글씨는 기억과 감정 회로를 자극하며, 뇌에 안정감을 줍니다. 특히 긍정적인 문장을 반복해 쓰면 뇌의 보상 회로가 활성화되어 자신감과 안정감을 키우는 데 도움이 됩니다. 『우울한 마음도 습관입니다』에 수록된 글을 발췌편집하여 긍정사고 습관에 도움이 될 문장들을 준비했습니다.

♥ 칭찬일기 쓰기

칭찬일기는 나를 따뜻하게 바라보는 연습입니다. 심리학에서는 스스로를 격려하고 인정하는 말이 자존감을 회복하고, 자기효능감을 높이는 데 결정적인 역할을 한다고 말합니다. 매일 쓰는 칭찬 한 줄은 단순한 자기 위안이 아니라 뇌에 "나는 괜찮은 사람이다"라는 메시지를 반복적으로 심는 훈련입니다. 매일 나를 위한 한 줄 칭찬, 꼭 잊지 말고 적어보세요. 칭찬일기를 어떻게 써야 하는지 안내하는 글을 읽으며 차근차근 써보세요.

♥ 감사일기 쓰기

하루 중 감사할 만한 일을 찾아 적는 것은 뇌의 인식 체계를 긍정적으로 바꾸는 강력한 심리 훈련입니다. 우리의 뇌는 감사할 일을 떠올리는 것만으로도 전두엽과 보상 회로가 자극되어 행복감과 만족도가 높아집니다. 매일 작고 사소한 것들에 감사하며 일기를 쓰는 습관은, '내게 있는 것에 집중하는 시선'을 길러주고 불안과 부정적인 사고를 줄여줍니다.

하루 자기긍정확언

내 마음이 평온하다.

나는 멋지고 매순간 살아 있다.

나는 현명하다.

나는 나의 하루를 좋은 습관으로 채워나가고 있다.

나는 기분이 좋다.

나는 내가 원하는 모든 것을 시도한다.

나는 내가 원하는 선한 일을 실천한다.

나는 좋은 에너지를 가지고 있다.

나는 자신감 있고 차분하며 확신을 가지고 일한다.

나는 풍요로운 기쁨을 매순간 느낀다.

나는 무슨 일을 하든 즐겁게 한다.

나의 즐거운 하루가 시작되었다.

세상은 아름답고 세상은 나를 도와준다.

모든 것은 매일 조금씩 나아지고 있다.

나는 다른 사람에게서 많은 것들을 배우고 성장하고 있다.

DAY 1

빈센트 반 고흐(Vincent van Gogh), 〈아몬드 나무 꽃(Almond Blossom)〉, 1890

좋은 사람들의 좋은 에너지가 내 삶 속으로 스며든다.

나의 내면에는 행복한 사람이 살고 있다.

나는 있는 그대로의 나와 내가 가진 모든 것에 감사한다.

나는 모든 일을 즐겁게 할 수 있다.

나는 돈 때문에 괴로워하지 않고 만족한다.

나는 매일 긍정적이고 건강한 삶을 선택하며 산다.

나는 매일 나 자신을 잘 돌본다.

나는 있는 그대로의 나 자신을 감사하게 받아들인다.

나는 매일 새로운 도전을 즐긴다.

나는 가진 것에 감사하며 매일 열심히 일한다.

나는 물질보다 마음이 더 풍요로운 사람이다.

나는 매일 지혜로워지고 있어서 모든 문제가 잘 풀린다.

모든 좋은 것은 애쓰지 않아도 나에게 다가오고 있다.

나는 누구보다 나 자신에게 감사한다.

나는 언제나 나 자신을 위해서 가장 좋은 선택을 하고 있다.

DAY 1

빈센트 반 고흐(Vincent van Gogh), 〈론 강 위의 별이 빛나는 밤(Starry Night Over the Rhône)〉, 1888

하루 필사

자주 불안한가요?
걱정이 많아서 우울한가요?
우울한 마음 때문에 자주 무기력한가요?

우리는 모두 행복하고 즐거운 삶을 누리기를 바라지만 살다 보면 삶이 고행인 것처럼 느껴지는 날이 있습니다. 내 마음과 다르게 흘러가는 인간관계 속에서 감정을 소모하고 싶지 않아서 마음의 문을 닫고 싶은 날도 있고, 충분히 공감받고 마음을 나눌 수 있는 사람이 없어서 외로운 날도 있고, 온갖 걱정이 몰려들어 밤새 잠들지 못하는 날도 있습니다.
감정은 경험 속에서 만들어집니다. 내가 자주 느끼는 감정, 나를 자주 힘들게 하는 감정이 무엇인지 알아차리고, 그 감정과 거리를 두고 객관적인 관점으로 관찰해보아야 합니다. 자극과 반응 사이에 마음의 공간을 만들어서 나의 감정을 알아차리고 좋은 반응을 선택하는, 내 감정의 주인이 되는 연습을 할 때, 삶이 편안해집니다.

『우울한 마음도 습관입니다』 4, 5쪽

DAY 1

왜 좋은 감정과 좋은 생각을 선택해야 할까요? 좋은 감정과 좋은 생각은 우리 삶의 질을 높이고, 건강을 유지하고, 인간관계를 원만하게 유지하도록 돕습니다. 감정의 주인이 되지 않으면 나오는 대로 말하고, 떠오르는 대로 생각하고, 느껴지는 대로 행동합니다. 이는 불행과 우울로 가는 지름길입니다.

우리 뇌는 즐겁고 행복했던 감정보다 괴롭고 힘들었던 감정을 더 강렬하게 받아들입니다. 그래서 사람들은 자신에 대한 칭찬보다 험담에 더 집착하죠. 내가 들은 좋은 말은 빨리 잊어버리고 나에게 상처를 줬던 말만 가슴 깊이 새기고 오랜 시간 힘들어합니다.

편안하고 밝은 일상을 즐기고 싶다면, 괴로운 감정과 나쁜 기억을 껴안은 채 자신의 마음을 괴롭히지 말아야 합니다. 내가 하는 걱정의 96퍼센트는 쓸데없는 불안이 만들어낸 것임을 알아야 합니다. 좋은 사람들이 해준 좋은 말을 기억하도록 '노력'해야 합니다. 부정적 감정에 중독돼 있다면 더 열심히 연습해야 합니다. 우울한 마음도, 불안한 마음도, 나를 힘들게 하는 감정을 자주 느끼는 것도 습관입니다.

『우울한 마음도 습관입니다』 5, 6쪽

DAY 1

하루 칭찬일기

오늘 잘한 일을 작은 것부터 찾아 적어보세요.

예) 오늘 하루를 포기하지 않고 버틴 내가 대견하다.

하루 감사일기

감사는 마음 근육을 키우는 가장 확실한 습관이에요.

예) 아침에 일어나서 맞이한 눈부신 햇살에 감사하다.

하루 자기긍정확언

세상은 평온하며 나를 보살펴주고 있다.

내 주변에는 좋은 사람들이 참 많다.

내일에 대한 두려움은 사라지고 희망과 기대감이 가득하다.

나는 내 인생의 모든 것에 감사한다.

나는 매일 변화하며 성장한다.

나는 매일 긍정과 행복을 선택한다.

나는 나이 들수록 아름다워진다.

나는 매일 나의 성장을 일구어낸다.

나는 에너지가 넘치며 사람들은 갈수록 나를 좋아한다.

나는 나 자신을 위해 좋은 것을 선택한다.

나는 내가 참 좋다.

나는 나로 태어난 것에 감사한다.

나는 내 몸을 소중하게 잘 가꾼다.

매일 행복과 만족과 감사를 내 삶으로 초대한다.

내 안에는 행복에 필요한 모든 요소가 이미 있다.

DAY 2

구스타프 클림트(Gustav Klimt), 〈해바라기가 있는 농가 정원(Farm Garden with Sunflowers)〉, 1907

내 마음속에는 무한한 가능성이 언제나 가득 차 있다.

나는 모든 일에 자신감을 가지고 즐겁게 행동한다.

나는 나 자신을 믿는다.

나는 모든 기회의 문을 즐겁게 연다.

내게 오는 모든 것들을 반갑게 맞이한다.

나는 나의 실수를 용서하고 나를 더 많이 사랑한다.

나는 매일 조금씩 더 좋아지고 있다.

나는 실패를 두려워하지 않는다.

나는 어려움 속에서도 나의 중심을 지킨다.

나는 새로운 시작을 환영한다.

나는 충분히 가치 있는 사람이다.

나는 오늘도 나에게 친절하다.

나는 주변 사람들과 건강한 관계를 맺는다.

나는 나의 한계를 넘어설 수 있다.

나는 건강하고 활기찬 에너지를 가지고 있다.

DAY 2

조르주 쇠라(Georges Seurat), 〈그랑드 자트 섬의 일요일 오후(A Sunday on La Grande Jatte)〉, 1884

하루 필사

우리 마음은 너무나 복잡하고 광활한 바다와 같아서 어느 날은 폭풍우가 몰아치고 어느 날은 잔잔하여, 가늠이 안 될 때도 많고 조율이 안 될 때도 많습니다. 그때마다 마음이 흔들리지 않도록 감정 조절 능력을 키워야 합니다. 그 시작은 나의 감정을 알아차리고 이해하는 것입니다.

『우울한 마음도 습관입니다』 8쪽

핵심감정은 나의 사고, 말, 행동으로 이어지기 때문에 자식에게 대물림되기도 합니다. 예를 들어, 열등감을 핵심감정으로 가지고 있는 부모는 자녀를 양육할 때, 경쟁에서 이기기 위해서 더 노력하라고 강요하게 됩니다. 이때 무의식적으로 자녀와 다른 아이를 비교하게 되는데 그러면 아이도 열등감을 핵심감정으로 갖게 될 가능성이 높아집니다. 심리학자 알프레드 아들러는 성장기 때 겪은 경험이 삶에 대한 무의식적인 신념을 형성한다고 했습니다.
핵심감정을 파악하고 나면 '무엇 때문에' 분노가 치밀었는지, '무엇 때문에' 열등감을 느꼈는지를 알 수 있게 됩니다. 그러면 그 '무엇 때문에'에 해당되는 문제를 찾아 해결하면 됩니다.

『우울한 마음도 습관입니다』 24쪽

DAY 2

나의 핵심감정이 마음속에서 살아나려고 할 때 이렇게 말해보세요.

지금 이 감정이 왜 생겨났을까?
나의 트라우마가 자극받아서 일어난 감정일 수 있어.
이 감정 때문에 그동안 너무 힘들었지?
순간적으로 일어난 감정의 노예가 되지 말고,
내 감정을 책임지자.
이 감정이 생긴 경험들은 다 지난 일이고,
덕분에 나는 많이 성장했어.
이제는 내 감정의 주인이 되자.
자동으로 반응했던 나의 행동을 멈추고,
진정으로 내가 원하는 말과 행동을 선택하자.

『우울한 마음도 습관입니다』 30쪽

DAY 2

하루 칭찬일기

대단한 성취가 아니어도 괜찮습니다. 일상 속 작은 순간을 기록하세요.

예) 힘든 감정을 숨기지 않고 씩씩하게 마주했다.

하루 감사일기

오늘 하루 무사히 살아낸 나에게, 감사하다고 말해주세요.

예) 오늘 하루도 잘 마치고 편히 쉴 수 있음에 감사하다.

하루 자기긍정확언

나는 지금 이 모습 그대로 소중한 사람이다.

나는 내 삶의 주인이다.

나는 내가 생각하는 것보다 더 강하다.

나의 감정은 존중받을 가치가 있다.

나는 나의 실수조차 포용할 수 있다.

나는 나에게 친절한 사람이 되기로 선택한다.

나는 매일 조금씩 성장하고 있다.

나는 나를 사랑할 자격이 있다.

나는 비교하지 않고 내 길을 간다.

나는 내가 가진 장점을 알고 있다.

나는 부족한 나를 비난하지 않는다.

나는 내 감정을 솔직하게 표현할 수 있다.

나는 있는 그대로 괜찮은 사람이다.

나는 실수해도 다시 시작할 수 있다.

DAY 3

피에르 오귀스트 르누아르(Pierre-Auguste Renoir), 〈부지발의 무도회(Dance at Bougival)〉, 1883

나는 존재 자체로 가치가 있다.

나는 내가 가진 모든 것으로 충분하다.

나는 나를 위한 시간을 소중히 여긴다.

나는 내 마음을 있는 그대로 받아들인다.

나는 누구에게도 내 가치를 증명할 필요가 없다.

나는 내 속도대로 걸어가도 괜찮다.

나는 나에게 긍정적인 말을 건넬 수 있다.

나는 오늘도 나를 아껴주는 선택을 한다.

나는 내 인생을 책임질 힘이 있다.

나는 지금 이 순간에도 충분히 잘하고 있다.

나는 내 삶의 중심에 나를 놓는다.

나는 나를 믿는다.

나는 나를 돌볼 줄 아는 사람이다.

나는 내 마음을 귀하게 여긴다.

나는 비난보다 이해를 선택한다.

DAY 3

피에르 오귀스트 르누아르(Pierre-Auguste Renoir), 〈호숫가에서(Near the Lake)〉, 1879-1890

하루 필사

유머는 최고의 방어기제입니다. 불편한 상황도 웃음으로 이겨낼 수 있죠. 고통스러운 상황에서도 최대한 좋은 반응을 선택한다면 유머가 최고입니다. 빅터 프랭클이 쓴 『죽음의 수용소에서』를 보면 아우슈비츠 수용소에서도 사람들이 웃습니다. 열심히 웃을 일을 찾습니다. 옹기종기 모여 앉아서 우스갯소리를 나누며 고통을 이겨냅니다. 매일 밤 하나씩, 재밌는 이야기를 만들어서 서로에게 들려주는 시간을 가지기도 했습니다. 주제는 '우리가 석방된 후에 벌어질 수 있는 재미있는 일들'이었어요. 그날을 상상하며 배꼽 잡고 웃었다는 거예요. 죽음의 한가운데에도 유머는 있었어요.
우리는 수용소에 갇힌 것도 아닌데 웃지 못할 이유가 있을까요?
고통 속에서도, 나를 억압하는 현실 앞에서도 웃을 수 있는 능력이 내 안에 있습니다. 불편한 상황에서도 유머의 기술을 발휘하는 용기는 나를 지킵니다. 보는 사람들도 생각하게 됩니다.
'우와, 이 사람이 나보다 한 수 위! 고수구나!'

『우울한 마음도 습관입니다』 51, 52쪽

DAY 3

분노가 일어날 때는, 본능적인 방어기제로 대응하지 말고, 잠시 멈추어야 합니다. 먼저 대화로 해결할 수 있는 상황인지 생각해보는 겁니다. 솔직한 내 감정과 소망을 상대에게 '부탁'의 말로 표현하면 나의 분노도 해소하고, 상대와의 관계도 회복할 수 있습니다. 하지만 좋은 말로 대화하기 어려운 상황이라면 어떻게 해야 할까요? '도망가기-숨쉬기-내 감정 알아차리기' 전략을 써야 합니다.

너무 화가 나면 이성적으로 생각하기가 힘듭니다. 일단 그 자리에서 벗어나야 합니다. 최소 3분 이상, 나를 화나게 한 사람과 장소에서 멀어지세요. 최대한 빨리 멀리 도망치세요. 호흡을 하며 화를 가라앉힌 후에 나의 마음에 집중하고 내 감정을 상세히 묘사해보세요. 분노에 자동반응하는 대신 자극과 반응 사이에 마음의 공간을 만들 수 있게 됩니다.

건강한 방어기제를 통해 분노를 해소하는 방법도 있습니다. 남을 돕거나, 악기를 배우거나, 운동을 배우거나, 유머 감각을 키우는 것 모두 분노를 해소하는 데 큰 도움이 됩니다.

『우울한 마음도 습관입니다』 59, 60쪽

DAY 3

하루 칭찬일기

오늘의 노력 하나를 떠올려 기록하세요.

예) 미루고 싶었던 집안일을 정리해낸 나, 칭찬받을 만하다.

하루 감사일기

너무 당연해서 소중함을 잊었던 내 몸에게 감사를 전해보세요.

예) 오늘도 심장이 뛰고 폐가 숨을 쉬어줘서 감사합니다.

하루 자기긍정확언

나는 나의 성장 과정을 응원한다.

나는 조용히 나를 지지한다.

나는 내 삶이 존중받을 만하다고 느낀다.

나는 내 마음의 소리에 귀를 기울인다.

나는 나를 무시하지 않는다.

나는 나의 이야기를 스스로에게 들려준다.

나는 나를 억누르지 않는다.

나는 나에게 실망하지 않고 배운다.

나는 스스로에게 관대해지는 법을 배운다.

나는 오늘 나를 위해 미소 짓는다.

나는 지금까지 잘 살아온 나에게 감사한다.

나는 더 나은 내가 되기를 서두르지 않는다.

나는 있는 그대로를 인정하는 연습을 한다.

나는 내 목소리를 믿는다.

나는 나를 탓하는 대신 다독인다.

DAY 4

에두아르 마네(Édouard Manet), 〈아르장퇴유 정원의 모네 가족(The Monet Family in Their Garden at Argenteuil)〉, 1874

나는 나의 가능성을 신뢰한다.

나는 나에게 집중하는 법을 안다.

나는 나를 아프게 하는 말에서 멀어질 수 있다.

나는 자주 나를 응원해줄 것이다.

나는 내가 노력하고 있다는 걸 알고 있다.

나는 내가 얼마나 소중한 존재인지 잊지 않는다.

나는 나의 실수도 내 일부로 받아들인다.

나는 나를 사랑하기 위해 노력한다.

나는 나에게 더 좋은 말을 해줄 수 있다.

나는 부드럽고 강한 사람이 될 수 있다.

나는 내 안의 빛을 믿는다.

나는 나를 고치는 것이 아니라 돌보는 것이다.

나는 오늘도 나에게 다정한 사람이 되려 한다.

나는 내 존재가 누군가에겐 큰 위로가 될 수 있음을 안다.

나는 나의 길을 존중하며 살아간다.

DAY 4

클로드 모네(Claude Monet), 〈일본식 다리(The Japanese Footbridge)〉, 1899

하루 필사

무력감은 어떤 일을 스스로 통제하는 것이 불가능할 때 경험하는 감정입니다. 무기력해지면 집중력이 떨어지고 기억력도 나빠집니다. 의욕이 사라지고 아무것도 하고 싶지 않으니 활동력도 떨어집니다. 이때 될 대로 되라고 나를 내버려두면 안 됩니다. 내 삶을 스스로 통제할 수 있다는 믿음, 즉 자기 통제감을 찾고 다시 일어서야 합니다.
내가 바꿀 수 없는 것에 집착하지 말고 외부 자극에 압도당하지 말고 나를 믿고 내가 갖고 있는 힘을 찾아내야 합니다. 내가 처한 상황을 마주하고 제대로 바라보아야 합니다. 그 힘은 누구에게나 있고 나에게도 있습니다. 내가 너무 힘들어서 보고 있지 못한 것뿐이에요.
그 믿음을 되찾고 싶을 때, 이 문장을 소리 내어 읽어보세요.

내가 그동안 많이 힘들었구나.
휴식과 충전이 필요했는데
몰라줘서 미안해.
게으르고 한심한 사람이라고 오해해서 미안해.
자책하지 말자.
내가 나를 응원하자. 나는 내가 참 좋다.

『우울한 마음도 습관입니다』 63, 65쪽

DAY 4

무력감이 만든 자책의 늪에서 나를 구출하고 싶은가요? 나를 빨리 구출해낼 수 있는 방법이 딱 한 가지 있습니다.
바로 '행동'입니다.
'큰 행동'을 하려고 하면 엄두가 안 나고, 두려움이 밀려옵니다. 중요한 것은 '사소한 행동'부터 시작하는 것입니다.

『우울한 마음도 습관입니다』 65쪽

완벽한 계획을 세운 다음 실행에 옮기려고 하면, '잘 해내지 못하면 어떡하지? 또 실패하면 어떡하지? 사람들을 실망시키면 어떡하지?'라는 불안이 번지고 결국 무력감이라는 늪으로 빠지고 맙니다.
좀 허술하면 어떻고, 좀 못하면 어때요? 이다음에 잘하면 됩니다. 계속하다 보면 잘하는 날이 옵니다.
꼭 기억하세요. 아주 작은 행동 하나입니다. 아주 작은 움직임이 당신을 살립니다.

『우울한 마음도 습관입니다』 67,68쪽

DAY 4

하루 칭찬일기

잘 버틴 것도 칭찬할 만한 이유가 됩니다.

예) 그동안 힘든 일들 감당해낸 내가 자랑스럽다.

하루 감사일기

고된 하루도 돌아보면 감사가 넘쳐나요.

예) 삶이 힘들지만, 매일 다시 일어서는 힘이 있어서 감사하다.

하루 자기긍정확언

나는 내가 원하는 것을 이룰 수 있는 사람이다.

나는 도전하는 내가 자랑스럽다.

나는 어떤 상황에서도 스스로를 지킬 수 있다.

나는 불확실함 속에서도 선택할 수 있는 힘이 있다.

나는 나의 판단을 믿는다.

나는 오늘도 나에게 주어진 일을 잘 해낸다.

나는 실패를 통해 더 성장한다.

나는 내 능력을 과소평가하지 않는다.

나는 준비된 사람이다.

나는 어려운 순간에도 길을 찾아낸다.

나는 작은 성취도 스스로 인정할 수 있다.

나는 내가 쌓아온 노력을 믿는다.

나는 두려움보다 용기를 선택한다.

나는 내가 가진 장점을 적극적으로 펼칠 수 있다.

나는 내 결정에 책임질 수 있는 사람이다.

DAY 5

윈슬로우 호머(Winslow Homer), 〈울타리 위에서(On the Stile)〉, 1878

나는 행동하면서 배워가는 중이다.

나는 도전이 주는 긴장을 기회로 바꿀 수 있다.

나는 내 인생의 방향을 주도할 수 있다.

나는 과거의 경험으로부터 배운다.

나는 지금 내 위치에서 충분히 의미 있는 일을 하고 있다.

나는 내가 가진 잠재력을 믿는다.

나는 나를 이끌 수 있는 리더다.

나는 강한 마음을 지닌 사람이다.

나는 누구와도 나의 목소리를 나눌 수 있다.

나는 내가 선택한 길을 당당히 걸어간다.

나는 문제를 해결할 수 있는 창의성을 지녔다.

나는 변화에 유연하게 대처한다.

나는 스스로를 끌어올릴 수 있는 힘이 있다.

나는 언제든 다시 시작할 수 있다.

나는 내가 해낸 일들을 기억한다.

DAY 5

윌리엄 메리트 체이스(William Merritt Chase), 〈프로스펙트 공원의 테라스(Terrace, Prospect Park)〉, 1887

하루 필사

"영원히 사는 사람이 있나요?"
"없어요."
"그러면 남은 가족들은 다 버려진 건가요?"
"그건 아니지요."
"영원히 지지 않는 생생한 꽃이 있나요?"
"없어요."
"세상의 모든 인연은 영원히 지속되나요?"
"아니요…."
"만나면 헤어지는 게 이치입니다. 인연은 생명과 같아서 소멸하는 시기가 옵니다. 인연이 끝날 때 '버려졌다'고 생각하는 인지 오류를 바로잡아야 합니다. 때가 되어서 이별한 겁니다. 당신을 사랑하고, 당신이 손을 뻗으면 달려와줄 사람들을 기억하세요. 당신의 두려운 마음이 그들이 당신 곁에 다가오는 걸 미리 차단하고 있진 않나요?"

『우울한 마음도 습관입니다』 94, 96쪽

DAY 5

열등감을 잘 이용하면 비교 대상보다 더 성장해 있는 나를 발견할 수도 있습니다. 열등감을 느낀다고 해서 열등한 것이 아니라 남들과 비교하며 절망에 빠져 있는 사람이 열등한 겁니다. 나의 결핍을 있는 그대로 수용하고, 내가 나를 키우고자 좀 더 노력하면 됩니다.

『우울한 마음도 습관입니다』 101쪽

DAY 5

하루 칭찬일기

남과 비교하지 말고 오직 어제의 나와 오늘의 나를 기준 삼으세요.

예) 어제는 일기에 한 줄만 썼는데, 오늘은 세 줄을 채운 나, 참 성실하다.

하루 감사일기

감사를 잃지 않으면, 우리는 절대 무너지지 않아요.

예) 숨 쉴 수 있는 맑은 공기가 평생 공짜여서 감사하다.

하루 자기긍정확언

나는 나의 성장을 기꺼이 인정한다.

나는 내가 생각하는 것보다 훨씬 많은 것을 할 수 있다.

나는 도전 속에서 내 진짜 능력을 본다.

나는 나를 믿고 앞으로 나아간다.

나는 불안을 용기로 바꾸는 법을 안다.

나는 내 능력을 신뢰한다.

나는 내가 해낸 일을 자랑스럽게 여긴다.

나는 어려움을 이겨낸 자신에게 박수 보낸다.

나는 내가 선택한 것을 끝까지 해낼 수 있다.

나는 지금 이 순간에도 성장 중이다.

나는 행동하는 사람이다.

나는 가능성을 시험하는 데 주저하지 않는다.

나는 결과보다 과정을 믿는다.

나는 더 나은 내가 되기 위한 오늘을 살고 있다.

나는 긴장과 불안을 나의 일부로 받아들인다.

DAY 6

빈센트 반 고흐(Vincent van Gogh), 〈프로방스의 농가(Farmhouse in Provence)〉, 1888

나는 어려운 일 앞에서도 내 자리를 지킬 수 있다.

나는 나만의 리듬대로 성공할 수 있다.

나는 내가 할 수 있다는 걸 잘 알고 있다.

나는 충분히 유능하다.

나는 나를 표현할 권리를 가진 사람이다.

나는 나의 선택을 지지한다.

나는 앞으로의 길을 열 수 있는 열쇠를 갖고 있다.

나는 내가 만든 작은 변화들을 신뢰한다.

나는 부족함 속에서도 시도할 수 있는 용기를 갖고 있다.

나는 나의 결정을 후회하지 않는다.

나는 실패를 성장의 자양분으로 삼는다.

나는 매일 자신감 있는 언어를 선택한다.

나는 도전할수록 더 강해진다.

나는 지금 이 순간이 나의 가능성을 증명하는 시간임을 안다.

나는 오늘도 두려움보다 나를 믿는다.

DAY 6

피에르 오귀스트 르누아르(Pierre-Auguste Renoir), 〈장미(Roses)〉, 1912

하루 필사

사람은 누구나 내가 쓸모 있는 사람이길 바랍니다. 또 어떤 일을 맡든 해낼 수 있다는 자신감을 갖고 싶어 합니다. 이런 감정을 유능감이라고 합니다. 이 감정은 열등감을 이겨내는 데 큰 힘이 됩니다.
여기에 세 가지 무기가 있으면 좋은데 바로 오기, 끈기, 믿음입니다. 오기(포기하거나 지는 것을 싫어하는 마음)와 끈기(쉽게 단념하지 않고 끈질기게 견디는 마음)를 가지고, 나 자신을 굳게 믿으면 열등감을 극복할 수 있습니다. 근면성으로 열등감을 털어내고, 유능감으로 자존감을 채우는 겁니다.

『우울한 마음도 습관입니다』 112, 113쪽

DAY 6

더 나은 사람이 되고 싶고 잘하고 싶은 건 기본적인 욕망입니다. 인간은 내가 성장하고 있다는 걸 느끼면 희망이 생겨서 나 자신을 인정하게 되고 유능감이 상승합니다. 내가 성장하고 있다는 걸 믿으면 자기 자신을 더 사랑하게 됩니다.

남과 비교하지 말고 나의 성장에 집중하세요. 자아를 실현하고, 나의 잠재력을 키우는 것만 생각하세요. 열등감이 심한 사람은 자신을 포장하려고만 합니다. 더 이상 숨기지 말고 있는 그대로의 나를 정직하게 인정하고, 나의 성장 욕구가 무엇인지 생각해보세요. 세상에 이로운 존재가 될 때, 나와 타인이 함께 성장하고 있다는 걸 느낄 때, 나는 세상에 유일무이한 귀한 존재라는 것을 깨닫게 될 겁니다.

『우울한 마음도 습관입니다』 117, 119쪽

DAY 6

하루 칭찬일기

실수했더라도 그 안에서 잘한 부분을 적어보세요.

예) 업무에서 내 실수를 인정하고 먼저 사과했다. 내가 참 멋지다.

하루 감사일기

고난 속에도 감사할 이유가 있다는 걸 알면, 우리는 이미 이겨낸 거예요.

예) 일이 계획대로 풀리지 않았지만 끝까지 도와주고 격려해준 동료들이 있어 감사하다.

하루 자기긍정확언

나는 사랑받을 자격이 충분한 사람이다.

나는 건강한 관계를 맺을 수 있는 능력이 있다.

나는 나를 있는 그대로 사랑해주는 사람들을 소중히 여긴다.

나는 솔직하게 소통할 수 있다.

나는 나에게 상처 주는 관계에서 벗어날 수 있는 용기가 있다.

나는 서로를 존중하는 관계를 선택한다.

나는 관계 속에서도 나를 잃지 않는다.

나는 사랑을 주고받을 준비가 되어 있다.

나는 거절할 수 있는 힘을 지녔다.

나는 사랑으로 연결된 삶을 살아가고 있다.

나는 친절한 관계를 소중하게 여긴다.

나는 나의 감정을 솔직하게 나눌 수 있다.

나는 서로의 다름을 이해하고 받아들일 수 있다.

나는 경계를 세우는 것이 관계를 지키는 일임을 안다.

나는 믿음을 주고받는 관계를 만들어간다.

DAY 7

귀스타브 카유보트(Gustave Caillebotte), 〈비 오는 날의 파리 거리(Paris Street; Rainy Day)〉, 1877

나는 사랑이란 함께 성장해가는 것임을 안다.

나는 내 사람들과 진심으로 연결되어 있다.

나는 말보다 마음을 먼저 들으려 노력한다.

나는 서로의 상처에 조심스러운 사람이 되고 싶다.

나는 진심을 표현하는 데 주저하지 않는다.

나는 사랑하는 사람들에게 감사를 전한다.

나는 좋은 관계를 만들 자격이 있다.

나는 나의 마음을 안전하게 지킬 줄 안다.

나는 누군가의 따뜻한 사람이 될 수 있다.

나는 과거의 상처에 머무르지 않는다.

나는 나를 이해해주는 사람들을 믿는다.

나는 사랑이 나를 성장시킨다는 것을 안다.

나는 관계 속에서 서로를 밝히는 빛이 되고 싶다.

나는 감정에 솔직한 대화를 지향한다.

나는 내 사람들에게 진심으로 다가간다.

DAY 7

귀스타브 카유보트(Gustave Caillebotte), 〈조정 보트(Skiffs)〉, 1877

하루 필사

사람들은 나를 힘들게 하는 외로움은 나의 환경 때문에 생성된 감정이라고 합리화하고, 타인에게서 보상받고 싶어 하죠.
'성장기에 사랑을 많이 받지 못했다. 부모님이 애정과 관심을 주지 않아서 외로움을 많이 느꼈고, 분리 불안도 생겼다. 성인이 된 지금도 사랑받지 못할까 봐 두렵고 버려질까 두렵고 항상 혼자인 것 같아서 외롭다.'
이렇게 말하는 '어른아이'들이 있습니다. 인생의 핵심감정이 '외로움'인 사람들이죠. 하지만 외로움은 타인과의 관계에서 형성되었다기보다는 나의 내면을 들여다보고 소통을 하지 못해서 생긴 감정에 가깝습니다.

『우울한 마음도 습관입니다』 125, 127쪽

DAY 7

진짜 내 마음을 알려면, 내 안의 나를 정면으로 바라보세요.
'너, 이 감정이 왜 생긴 거야? 언제 생겼어? 그 당시엔 많이 힘들었겠다. 하지만 이제 지난 일이지? 잘 견디고 어른이 되었지? 이제 그 경험을 통해서 성장할 때지? 그 감정에 머물러 있을 때가 아니야.'
이렇게 대화할 수 있어야 해요. 그 능력이 뛰어난 사람들이 고독을 즐길 줄 알죠. '나는 외로운 사람'이라고 규정해놓고 살면, 외로운 감정을 더 많이 더 자주 과장해서 느끼게 돼요. 외로움은 얼마든지 고독으로 승화시킬 수 있어요. 고독을 즐기는 사람을 만나서 연애도 하고 결혼도 하세요. 외로워서 연애하면 더 외로워서 이별하게 됩니다. 외로움은 남이 채워줄 수 있는 감정이 아니에요. 고독을 즐길 수 있는 때가 되면, 그때 대등하고 건강한 연애를 할 수 있을 거예요.

『우울한 마음도 습관입니다』 127, 128쪽

DAY 7

하루 칭찬일기

꾸준히 시도한 것 자체를 칭찬하세요.

예) 운동이 귀찮았지만 매일 저녁 운동화를 신고 집 밖을 나선 내가 훌륭했다.

하루 감사일기

감사는 불안을 잠재우는 마음의 백신이에요.

예) 일주일 동안 감사할 일들이 매일 있었다는 사실에 감사하다.

하루 자기긍정확언

나는 사랑이 내 일상에 스며들게 한다.

나는 나를 받아주는 관계 안에서 자유를 느낀다.

나는 표현하는 사랑이 가장 깊다는 걸 믿는다.

나는 불완전한 나도 사랑받을 수 있음을 안다.

나는 외로움 속에서도 스스로를 돌볼 수 있다.

나는 서로의 고요를 존중하는 관계를 지향한다.

나는 누군가에게 위로가 되는 사람이 될 수 있다.

나는 서툰 표현도 진심이라면 의미가 있다고 믿는다.

나는 더 깊은 관계를 위한 대화를 두려워하지 않는다.

나는 내가 원하는 관계를 선택할 수 있다.

나는 마음이 통하는 사람들과 함께한다.

나는 이해받는 경험이 나를 회복시킨다는 걸 안다.

나는 관계 안에서 나도 성장하고 있다는 걸 안다.

나는 서운함을 담아두기보다 말하는 용기를 낸다.

나는 가까운 사람일수록 더 따뜻하게 대하려고 한다.

DAY 8

앙리 루소(Henri Rousseau), 〈독립 100주년(A Centennial of Independence)〉, 1892

나는 내가 줄 수 있는 사랑을 아낌없이 나눈다.

나는 상대방의 언어보다 마음을 보려 노력한다.

나는 내 관계를 지켜나가는 사람이 되고 싶다.

나는 진심은 결국 통한다는 걸 믿는다.

나는 누군가의 하루를 따뜻하게 바꿀 수 있는 존재다.

나는 상대방을 내 마음대로 바꾸려 하지 않는다.

나는 마음을 나눌 수 있는 관계가 있다는 것에 감사한다.

나는 가벼운 인연에도 예의를 지킨다.

나는 나의 관계를 정리할 용기도 갖고 있다.

나는 누군가의 곁이 되어줄 수 있는 사람이다.

나는 혼자 있어도 외롭지 않은 사람이다.

나는 인간관계를 통해 많은 것을 배우고 있다.

나는 다름을 존중하는 태도를 지녔다.

나는 사랑받을수록 더 좋은 내가 된다.

나는 지금 이 관계들이 나의 삶을 채워주고 있다는 걸 안다.

DAY 8

앙리 루소(Henri Rousseau), 〈잠자는 집시(The Sleeping Gypsy / La Bohémienne endormie)〉, 1897

하루 필사

우리는 타인을 결코 바꿀 수 없어요. 우리가 바꿀 수 있는 건 내가 듣는 귀, 상황을 긍정적으로 해석하는 마음, 그리고 긍정적인 사고방식, 이것뿐입니다. 우리가 할 수 있는 건 나의 선택을 바꾸는 것뿐이에요. 그러니까 나를 힘들게 하는 사람 때문에 스트레스 받지 말고 자비의 감정을 가져보세요.

타인에 대해서 자비의 감정을 가지면, 화를 가라앉힐 수 있고, 나아가 그의 입장을 이해할 수 있게 됩니다. 상대의 입장까지 헤아리고 이해하는 것을 '공감'이라고 합니다. 자비와 연민을 느끼고 공감할 수 있다면 힘든 세상을 서로 기대고 도우며 아름답게 살아갈 수 있어요.

『우울한 마음도 습관입니다』 130, 131쪽

DAY 8

타인을 이해하려면 먼저, 나 자신에게도 자비심을 가져야 합니다. '아, 나는 정말 불쌍한 사람이야.'라고 동정하라는 말이 아닙니다. 심리학자 크리스틴 네프는 자신에게 친절을 베푸는 행위를 자기 자비라고 말합니다. 친한 친구가 잘못을 했을 때 비난하지 않고 용서하고, 힘들어할 때 걱정해주는 것처럼, 나 자신에게도 그렇게 하는 거예요.
내가 화가 많고 짜증을 많이 내고 부정적인 사고방식에 젖어 있는 사람일 수 있어요. 부정적인 생각이 들 때마다. '나는 안되나 봐. 구제불능이야. 나 자신이 너무 싫어. 너무 한심해. 너무 무능해.'라고 자신을 탓하게 되는데 이건 나를 학대하는 겁니다.

'오늘은 일이 잘 안 풀렸지만 내일은 오늘보다 0.1퍼센트만 나아지도록 해보자.'
나를 격려해주세요. 나에게도 친절하게 대해주세요. 자비를 가지세요. 너무 절망감에 젖어들지 않도록 나약함을 인정하고 삶에 긍정적인 변화를 이끌 수 있도록 나를 챙기며 안정감을 만들어야 합니다.

『우울한 마음도 습관입니다』 131, 133쪽

DAY 8

하루 칭찬일기

완벽하지 않아도 괜찮습니다. 시도한 자신을 인정하세요.

예) 끝까지 포기하지 않은 나 자신에게 고맙다.

하루 감사일기

당연하지 않은 것에 감사할 때, 마음은 겸손해져요.

예) 작은 일에도 웃을 수 있어서 감사하다.

하루 자기긍정확언

나는 내가 정한 목표를 향해 꾸준히 나아간다.

나는 나의 비전을 현실로 바꿀 수 있다.

나는 행동하는 사람이기에 결과를 만들어낸다.

나는 노력은 반드시 의미 있는 결과로 이어진다고 믿는다.

오늘의 작은 실천이 내일의 큰 성장을 만든다.

내 안에 성공할 자질이 충분히 있음을 나는 안다.

나는 도전 속에서 기회를 찾는 사람이다.

나는 계획을 실행하는 힘을 가지고 있다.

나는 실패해도 멈추지 않고 다시 일어선다.

나는 끊임없이 배우며 더 나은 내가 된다.

나는 현실을 분석하고 미래를 준비하는 사람이다.

나는 내가 원하는 방향으로 인생을 디자인할 수 있다.

나는 집중할 줄 아는 사람이다.

나는 시간이 걸려도 내가 원하는 목표에 도달한다.

나는 내 선택에 책임지고 행동한다.

DAY 9

빈센트 반 고흐(Vincent van Gogh), 〈낮잠(The Siesta)〉, 1890

나는 오늘도 목표를 향해 한 걸음 나아간다.

나는 내 가능성을 스스로 제한하지 않는다.

나는 내가 원하는 인생을 스스로 만들어간다.

나는 내가 해낼 수 있다는 것을 안다.

나는 결과보다 과정을 즐길 줄 안다.

나는 매일 나의 미래를 향해 투자하고 있다.

나는 시간을 가치 있게 사용하는 사람이다.

나는 내가 맡은 일을 책임감 있게 완수한다.

나는 성공을 위해 필요한 노력과 훈련을 감당할 수 있다.

나는 실패를 성장의 발판으로 삼는다.

나는 불가능을 가능으로 바꾸는 힘이 있다.

나는 내 비전에 확신을 가지고 있다.

나는 내가 걸어가는 길에 의미를 느낀다.

나는 목표를 향해 나아가는 여정을 즐긴다.

나는 주어진 기회를 놓치지 않는다.

DAY 9

안나 안커(Anna Ancher), 〈수확하는 사람들(Harvesters)〉, 1905

하루 필사

자존심은 정신분석에서는 자아와 초자아가 균형을 유지하고 있는 상태를 말하는데, 자존심을 다치면 무가치함, 무력감, 자기혐오 등이 쌓여 우울증으로 발전할 수 있습니다. 자존심이 약한 사람은 타인의 설득에 쉽게 넘어가고, 자기 비하와 열등감에 시달리기도 합니다. 반면 자존심이 너무 세면 허영심을 갖기 쉬워요.

『우울한 마음도 습관입니다』 134쪽

DAY 9

성숙한 방식으로 내 자존심을 지킬 줄 아는 사람이 자존감도 키울 수 있습니다. 건강한 자존심은 삶의 에너지가 됩니다. 굴욕을 견디는 힘, 넘어져도 다시 일어나게 하는 힘의 원천이 되지요. 자존심은 타인의 평가에 영향을 받지만, 자존감은 타인의 평가와 상관없이 나 자신을 존중하는 마음을 갖고 사는 마음입니다. 남이 뭐라 하든 흔들리지 않고 내 길을 가는 뚝심을 가진 사람이 건강한 자존심을 가진 사람입니다.

『우울한 마음도 습관입니다』 135쪽

DAY 9

하루 칭찬일기

내가 좋아하는 내 모습을 적어보세요.

예) 나는 웃음도 눈물도 많은 내가 참 좋다.

하루 감사일기

오늘의 '그럼에도 불구하고'를 떠올려봐요.

예) 힘들고 지친 날에도 '그럼에도 불구하고' 지금 감사일기를 쓰고 있는 나에게 감사하다.

하루 자기긍정확언

나는 내 일을 사랑하며 몰입할 수 있다.

나는 더 좋은 결과를 위해 피드백을 기꺼이 받아들인다.

나는 내 성과를 겸손하게 돌아보며 성장한다.

나는 실패에도 흔들리지 않는 믿음을 갖고 있다.

나는 내가 만든 성과에 자부심을 느낀다.

나는 꾸준함이 나를 성공으로 이끈다는 것을 안다.

나는 나의 강점을 전략적으로 활용할 줄 안다.

나는 성공한 사람들의 마인드를 배우고 실천한다.

나는 나만의 방식으로 목표를 향해 간다.

나는 성공을 나만의 기준으로 정의한다.

나는 나의 재능과 열정을 충분히 믿는다.

나는 불확실성 속에서도 방향을 잃지 않는다.

나는 현실적인 계획과 실행력을 갖춘 사람이다.

나는 최선을 다하는 나를 응원한다.

나는 내가 선택한 일을 끝까지 책임진다.

DAY 10

앙리 에드몽 크로스(Henri-Edmond Cross), 〈별이 있는 풍경(Landscape with Stars)〉, 1905~1908

나는 계속 시도함으로써 더 나은 결과를 만든다.

나는 기회를 알아보고 활용하는 능력이 있다.

나는 나의 시간을 낭비하지 않는다.

나는 성과에 연연하지 않고 가치를 창출한다.

나는 어려움 속에서도 해결책을 찾는 사람이다.

나는 집중이 곧 성장을 만든다는 것을 안다.

나는 내가 원하는 미래를 위한 계획을 매일 점검한다.

나는 도전할수록 자신감이 자란다.

나는 진심을 담은 일은 반드시 결실을 맺는다고 믿는다.

나는 내가 걸어온 길에 자부심을 느낀다.

나는 성취한 나를 격려하며 더 나아간다.

나는 나에게 주어진 능력을 최대로 펼친다.

나는 성공보다 배움을 우선시한다.

나는 준비된 기회 앞에서 주저하지 않는다.

나는 내가 이룰 수 있다는 믿음으로 매일 시작한다.

DAY 10

펠릭스 발로통(Félix Vallotton), 〈로마넬 인근 쥐라 산맥의 풍경(Landscape in the Jura Mountains near Romanel)〉, 1900

하루 필사

진정한 천재는 지식이 풍부한 사람이 아니라 감사가 풍부한 사람입니다. 사소한 것에서도 감사함을 느끼는 능력은 운명을 창조하는 기적을 낳습니다. 감사하는 마음이 뇌에 변화를 주고, 몸과 마음을 살아나게 한다는 건 많이 알려져 있습니다. 감사의 효과는 너무나 커서 계속 강조할 수밖에 없어요.
어려운 상황 가운데서도 신기할 만큼 감사를 찾아내는 사람들이 있죠. '타고난 성향일까?', '어떻게 저런 마음가짐이 가능하지?' 하는 생각이 들 때도 있습니다. 감사 잘하는 성격이 따로 있는지 연구한 학자들도 있어요. 그래서 탄생한 개념이 감사 성향이라는 것입니다. 감사 성향은 인간이 지닌 탁월한 능력입니다. 감사 성향이 높은 사람들은 일상에서 감사를 느끼는 빈도가 높습니다. 작은 것에서 감사할 거리를 자주 발견해냅니다.

『우울한 마음도 습관입니다』 137쪽

DAY 10

많은 사람들은 '감사'의 효능에 대해 강조하면 식상한 설교쯤으로 생각합니다. 주변 사람들에게 감사 인사를 자주 하면 상대가 '나를 굽신거리는 사람으로 오해하지 않을까? 호구되는 건 아닐까? 자신이 잘나서 대접받는 줄 알고 갑질을 하려 드는 것은 아닐까?' 하는 걱정도 합니다. 이건 자존감이 낮은 사람들의 기우일 뿐입니다. 감사 성향이 높은 사람들은 자존감과 자기효능감이 모두 높으며, 감사하는 자기 자신에 대해서도 감사하는 마음이 풍성합니다. 이들은 자신의 품격을 지키면서 상대를 높여주는 감사를 실천하기 때문에 어딜 가나 더 존중받는 사람이 되죠.

『우울한 마음도 습관입니다』 138쪽

인생을 살아가는 데는
오직 두 가지 방식이 있을 뿐이다.
하나는
기적 같은 건 없다고 믿는 삶이고
다른 하나는
모든 일이 기적이라고 믿는 삶이다.

『우울한 마음도 습관입니다』 142쪽

DAY 10

하루 칭찬일기

결과보다 과정에서 칭찬할 점을 찾으세요.

예) 지금 이 자리까지 대충 살지 않았던 내가 참 대견하다.

하루 감사일기

사랑받지 못했다고 느껴질 때, 내가 사랑할 수 있음에 감사해봐요.

예) 힘든 상황에서도 내가 누군가에게 사랑을 전할 수 있음에 감사하다.

하루 자기긍정확언

나는 힘든 순간에도 다시 일어선다.

나는 고통을 견디며 강해지고 있다.

나는 내 감정을 억누르지 않고, 다정하게 다룬다.

나는 위기 속에서도 나를 잃지 않는다.

나는 삶의 파도를 유연하게 넘는 법을 배운다.

나는 지금 겪는 일도 결국 지나간다는 걸 안다.

나는 아픔을 통해 회복하는 법을 알고 있다.

나는 마음의 통증도 돌보아야 할 몸의 일부라고 생각한다.

나는 상처를 안고도 아름답게 살아갈 수 있다.

나는 흔들리면서도 중심을 잡을 수 있다.

나는 스트레스를 나를 돌보라는 신호로 받아들인다.

나는 고통 속에서 의미를 찾을 줄 안다.

나는 위축되기보다 다시 피어날 준비를 한다.

나는 과거의 상처를 오늘의 성숙함으로 전환한다.

나는 나를 지키는 선택을 할 수 있다.

DAY 11

구스타프 클림트(Gustav Klimt), 〈키스(The Kiss)〉, 1907–1908

나는 주저앉아도 다시 일어설 용기를 지녔다.

나는 오늘의 불안도 내일의 강인함으로 바꿀 수 있다.

나는 내 감정에 이름을 붙이며 이해한다.

나는 마음의 회복이 시간과 사랑에서 온다는 걸 안다.

나는 아픈 기억을 놓아줄 수 있다.

나는 스스로에게 위로가 될 수 있는 사람이다.

나는 상황보다 내가 더 크다는 것을 기억한다.

나는 고통을 나누면 가벼워질 수 있다는 걸 안다.

나는 나의 회복력을 믿는다.

나는 절망 속에서도 한 줄기 빛을 발견하려 노력한다.

나는 실망스러운 일에도 의연하게 대처할 수 있다.

나는 눈물도 나의 회복 과정 중 하나임을 안다.

나는 회복이 일직선이 아니라는 걸 받아들인다.

나는 지금보다 더 단단해질 수 있다.

나는 나의 회복 여정을 존중한다.

DAY 11

구스타프 클림트(Gustav Klimt), 〈카손의 교회(Kirche in Cassone)〉, 1913

하루 필사

길을 지나가고 있는데 누군가 나를 빤히 쳐다본다면 여러분은 어떤 생각이 먼저 떠오르나요? 어떤 상황을 마주했을 때 자동적으로 생각하게 되는 패턴을 자동사고라고 합니다. 마음속에 뭔가를 떠올리기만 하면 자동적으로 결론을 내려버리는 고정관념을 말하기도 합니다. 어떤 사건에 당면했거나 어떤 자극을 받았을 때 반사적으로 떠오른 생각이죠.

똑같은 상황을 보면서도 떠오르는 생각은 사람마다 다릅니다. 누군가는 자신이 멋있고 예뻐서 쳐다보는 거라고 기분 좋게 생각하고, 누군가는 내가 이상해 보여서 무시하는 마음으로 쳐다보는 거라고 기분 나쁘게 생각합니다. 사람마다 자동사고가 다르게 작동하는 이유는 세상을 바라보는 관점이 각자 다르기 때문입니다. 인지치료의 창시자 아론 벡은 그것을 스키마라 칭하고 그 순간의 반응은 화학 작용처럼 일어난다고 했습니다. 어떤 상황이 나의 스키마와 만나면서 감정, 행동, 생리적 반응이 찰나에 발생하는 것입니다.

『우울한 마음도 습관입니다』 166, 167, 169쪽

DAY 11

부정적인 상황에 처했을 때, 비합리적으로 상황을 받아들이는 사람이 있는가 하면 건설적이고 합리적인 사고를 가지고 좋은 감정과 행동을 선택하는 사람이 있습니다.

우리는 일어난 사건 때문이 아니라 그 사건을 받아들이는 방식 때문에 불안해집니다. 부정적 상황이라도 합리적인 사고로 사건을 대하면 부정적인 감정이나 행동이 유발되는 것을 막을 수 있습니다.

모든 사람들은 어느 정도의 우울, 불안, 강박, 회피, 자기 비난, 분노, 상처, 죄의식을 내면에 가지고 있습니다. 합리적으로 사고하고 좋은 감정을 선택하는 능력을 키우면, 부정적 상황에서도 부정적 감정과 행동을 선택하지 않습니다. 합리적으로 생각하고 긍정적 감정과 행동을 선택하죠.

『우울한 마음도 습관입니다』 172쪽

DAY 11

하루 칭찬일기

하루에 한 줄만이라도 꾸준히 쓰는 것이 중요합니다.

예) 내가 나를 돌보려는 이 마음이 정말 기특하다.

하루 감사일기

불편함은 성장의 과정이에요. 그 과정에서 무엇을 느꼈나요?

예) 나와 너무 안 맞는 그 사람 때문에 힘들었지만 오늘도 인내할 수 있어서 감사하다.

하루 자기긍정확언

나는 '괜찮지 않음'을 인정할 수 있는 용기를 지녔다.

나는 나를 버티게 만든 경험들을 기억한다.

나는 힘겨움 속에서도 희망을 말할 수 있다.

나는 감정을 억누르기보다 흘려보낸다.

나는 내 삶에 다시 온기를 불어넣을 수 있다.

나는 나에게 다시 기회를 줄 수 있다.

나는 실패해도 멈추지 않는다.

나는 흔들림 속에서도 방향을 잃지 않는다.

나는 지금 이 순간도 회복의 일부임을 안다.

나는 아픔을 통과하며 나를 더 잘 이해하게 된다.

나는 시련이 나를 성장시킨다고 믿는다.

나는 고요하게 회복될 수 있다는 걸 안다.

나는 오늘도 스스로를 끌어올린다.

나는 누군가의 지지가 회복의 시작이 될 수 있음을 안다.

나는 내 안의 회복 능력을 신뢰한다.

DAY 12

앙리 루소(Henri Rousseau), 〈목초지(목장)(Meadowland [The Pasture])〉, 1910

나는 상처를 마주할 용기가 있다.

나는 지금 회복의 여정 중에 있다.

나는 나에게 괜찮다고 말해줄 수 있다.

나는 어제를 견딘 내가 오늘도 살아낸다는 걸 안다.

나는 나의 무너짐을 탓하지 않는다.

나는 조급함보다는 인내를 선택한다.

나는 회복에는 시간이 필요함을 인정한다.

나는 나의 리듬에 맞게 회복해간다.

나는 버티는 나를 존중한다.

나는 나를 아프게 한 것을 용서하며 놓아간다.

나는 아픔 없이도 단단해질 수 있다는 것을 믿는다.

나는 무너졌던 자리에서 다시 피어난다.

나는 스스로를 감싸안을 줄 아는 사람이다.

나는 회복하는 동안도 나로서 살아갈 수 있다.

나는 상처보다 더 큰 사랑으로 나를 채워간다.

DAY 12

호러스 피핀(Horace Pippin), 〈감사의 기도(Giving Thanks)〉, 1942

하루 필사

긍정적인 기억을 더 많이 저장하기 위해서는 긍정적인 경험을 통해 좋은 감정을 많이 느껴야 합니다. 집에 가만히 있으면 좋은 감정을 느낄 기회가 별로 없습니다. 좋은 기억을 저장할 기회도 적어지죠. 바깥으로 나가서 바람을 느끼며 걷고 나무도 보고 하늘도 보세요. 그리고 내가 배울 게 많은 사람, 나를 격려해주는 좋은 사람들을 만나세요.

『우울한 마음도 습관입니다』 181쪽

DAY 12

무력감이라는 부정적 감정이 느껴질 때엔 일단 무조건 '빨리' 빠져나와야 합니다. 당연한 말 같지만 그게 가장 효과 좋은 방법이에요. 부정적 자동사고가 작동할 틈을 주지 말아야 합니다. 무력감을 즉각 떨쳐버릴 수 있는 최고의 방법은 바로 몸을 움직이는 겁니다. 물론 무력감이 들면 꿈쩍도 하기 싫은 것 너무나 잘 압니다. 아무것도 하고 싶지 않으실 거예요. 저도 무기력해지면 누워 있고만 싶거든요. 계속 힘들기만 하고 몸에도 마음에도 힘이 하나도 없어지죠. 그런데 그럴 때일수록 어떻게든 기를 쓰고 일어나야 해요. 억지로 몸을 움직여야 합니다. 집 안 정리를 하든, 산책을 하든 몸을 움직여줘야 해요.

운동은 신체뿐만 아니라 뇌와 마음에도 영향을 끼칩니다. 신체 활동성을 높이는 일은 모두 뇌에 도움을 주거든요. 뇌 성장호르몬, 뇌유래신경성장인자, 엔도르핀, 엔케팔린 등을 분비하여 운동 후에 기분이 좋아지도록 만듭니다. 긍정적인 감정을 느끼게 해주는 것이죠.

『우울한 마음도 습관입니다』 182, 183쪽

DAY 12

하루 칭찬일기

"오늘 나는 ~을 해내서 자랑스럽다"는 식으로 작성해보세요.

예) 오늘 사소한 일이었지만 정직한 선택을 했던 내가 자랑스럽다.

하루 감사일기

감사한 일을 발견하고 기록할 수 있는 매일이 참 소중해요.

예) 하루를 사고 없이 보내고 살아 있어서 감사하다.

하루 자기긍정확언

나는 매일 더 나은 내일을 향해 나아가고 있다.

나는 아직 오지 않은 날들을 설레는 마음으로 기다린다.

나는 미래에 대한 기대를 품고 오늘을 살아간다.

나는 앞으로의 날들에 희망을 심고 있다.

나는 변화가 나를 더 나은 방향으로 이끌 것임을 믿는다.

나는 다가올 좋은 일들을 환영할 준비가 되어 있다.

나는 내 인생이 앞으로도 계속 새로워질 수 있음을 안다.

나는 기대할 만한 미래가 있다는 것이 삶의 기쁨임을 안다.

나는 앞으로 펼쳐질 일들에 마음을 열어둔다.

나는 오늘보다 나은 내일을 만들어갈 힘이 있다.

내 안의 가능성은 시간과 함께 성장하고 있다.

나는 매일이 기회라는 마음으로 아침을 맞이한다.

나는 아직 쓰지 않은 나의 이야기를 기대하고 있다.

나는 앞으로 마주할 좋은 인연들을 기다린다.

나는 내 인생의 다음 장면을 긍정적으로 상상한다.

DAY 13

에드워드 호퍼(Edward Hopper), 〈케이프 코드의 아침(Cape Cod Morning)〉, 1950

나는 미래의 나를 응원하며 오늘을 준비한다.

나는 내 꿈이 자라날 수 있도록 매일 물을 준다.

나는 내일도 희망을 선택할 수 있다.

나는 오늘의 선택이 내일을 만든다는 걸 알고 있다.

나는 아직 오지 않은 시간에 내 마음을 담는다.

나는 미래가 열릴 수 있다는 믿음을 간직하고 있다.

나는 삶이 내게 줄 선물을 기대하는 마음으로 살아간다.

지금은 잘 느껴지지 않아도 나는 분명히 변화하고 있다.

나는 다가올 계절처럼 삶도 달라질 수 있음을 안다.

나는 인생이 나를 실망시키지 않을 것임을 믿는다.

앞으로 만날 내 모습은 자랑스러울 것이다.

나는 오늘이 희망의 출발점이 될 수 있음을 믿는다.

나는 하루하루가 내 삶을 단단히 채워준다는 걸 안다.

나는 시간을 믿고 흐름에 맡길 줄 아는 사람이다.

나는 꿈꾸는 힘이 삶을 이끄는 등불임을 안다.

DAY 13

에드워드 호퍼(Edward Hopper), 〈큰 너울(Ground Swell)〉, 1939

하루 필사

나를 힘들게 내버려두지 마세요. 내가 나를 내버려두면 몸에 이상 증상이 나타납니다. 가장 먼저 정서적 공감 능력이 고장 납니다.

공감을 하려면 타인의 말을 잘 듣고 의미를 새기고 기분을 이해할 수 있어야 하는데, 공감 능력이 고장 나면 그러한 과정들이 다 귀찮아지고 사람이 싫어집니다. 게다가 내 마음에도 공감을 하지 못하게 되면서 자신이 싫어지고 자기 자신을 함부로 대하게 됩니다.

내가 가장 돌봐야 할 사람은 바로 나 자신입니다.

나를 돌보지 않으면 나 자신이 미워집니다. 내가 미워지면 가까이 있는 가족이 미워지고, 회사에서는 직장동료가 마음에 안 들고, 자주 만나는 친구들이 얄미워집니다.

『우울한 마음도 습관입니다』 184, 185쪽

DAY 13

내가 나를 돌보고 내가 나를 사랑해주는 것을 자기 자비라고 합니다. 고통스러운 순간에 과도하게 자기를 비난하는 게 아니라 너그럽게 스스로를 이해하고 돌보는 것입니다. 우리는 자비심을 남에게 베풀어야 한다고 알고 있었어요. 그런데 진짜 자비는 남에게 베푸는 게 아니라 나에게 베풀어야 합니다. 그리고 난 후에야 남에게도 자비를 베풀 수 있습니다.

나를 위로하고 공감해야 합니다. 나에게 친절해야 합니다. 그래야 더 나아지고 싶다는 성장욕구가 생기고 자존감이 높아집니다. 자존감이 높아지면 뇌가 건강해집니다. 건강한 뇌는 긍정적인 생각을 하고 작은 불안과 걱정을 이겨냅니다. 부정적 자동사고에 빠지지 않도록 나를 지켜줍니다. 이것이 바로 뇌를 긍정적으로 만드는 훈련입니다.

『우울한 마음도 습관입니다』 185-187쪽

DAY 13

하루 칭찬일기

다른 사람의 인정이 없어도 스스로를 칭찬해보세요.

예) 힘든 사람들을 잘 참아낸 나, 기특하다.

하루 감사일기

감사는 마음의 면역력을 키우는 가장 좋은 방법이에요.

예) 매일 삶을 기록할 수 있어서 감사하다.

하루 자기긍정확언

나는 언제든 새로운 길을 만들 수 있다.

나는 미래가 꼭 정해진 대로 흘러가지 않아도 괜찮다고 생각한다.

나는 준비된 나에게 기회가 올 것임을 믿는다.

나는 변화의 순간마다 나를 새롭게 만난다.

나는 시간이 주는 답을 기다릴 줄 안다.

나는 계획보다 더 좋은 일이 일어날 수 있다고 믿는다.

오늘의 고민도 미래의 내가 해결할 수 있다.

나는 아직 이루지 못한 꿈이 있다는 게 행복하다.

나는 앞날이 불확실하더라도 두렵지 않다.

나는 지금의 경험이 모두 내일을 위한 재료임을 안다.

나는 미래가 현재보다 더 나을 수 있다는 가능성에 기대를 건다.

나는 다가오는 하루를 감사한 마음으로 맞이한다.

나는 여전히 많은 기회가 내 앞에 있다는 걸 안다.

나는 시간이 흐를수록 성장하고 있다.

나는 내가 꾸는 꿈이 현실이 되는 과정을 신뢰한다.

DAY 14

피에르-오귀스트 르누아르(Pierre-Auguste Renoir), 〈피아노 앞의 두 소녀(Two Young Girls at the Piano)〉, 1892

나는 미래의 삶을 상상하며 지금을 설계하고 있다.

나는 오늘의 내가 미래를 설레게 만든다고 믿는다.

나는 내가 원하는 방향으로 인생을 조율할 수 있다.

나는 멈춤 속에서도 희망을 간직한다.

나는 오랜 기다림 끝에 피는 꽃이 있다는 걸 안다.

나는 기회는 반드시 찾아온다는 것을 알고 있다.

나는 내 삶이 시간이 지날수록 더 아름다워질 것을 기대한다.

나는 언제든지 다시 시작할 수 있는 용기를 가지고 있다.

나는 끝이 아닌 또 다른 시작을 위해 열려 있다.

미래를 그리는 내 마음이 이미 변화를 만들고 있다고 믿는다.

나는 어제보다 나은 오늘, 그리고 내일을 꿈꾼다.

나는 걱정보다 가능성에 집중한다.

나는 희망을 되새기며 하루를 마무리한다.

나는 변화가 두렵지 않다. 그것은 나의 일부이기 때문이다.

나는 아직 쓰지 않은 삶의 페이지에 기대를 품는다.

DAY 14

오딜롱 르동(Odilon Redon), 〈한련화(Nasturtiums)〉, 1905

하루 필사

이제 내 마음대로 안 풀리는 상황이 와도 긍정적으로 말하세요.

"괜찮아. 나니까 오늘까지 잘 살아온 거야. 다음엔 더 잘할 거야!"

집에서도 긍정의 언어를 쓰도록 늘 유의해야 해요. 긍정의 말이 그냥 말뿐인 것 같지만 사실 그 문장을 읽다 보면 우리의 마음도 움직여서 긍정적인 감정을 느끼게 됩니다. 그렇게 긍정의 말을 하면 감정과 정보가 함께 편도체에 저장되면서 뇌의 회로가 바뀝니다.

『우울한 마음도 습관입니다』 190쪽

DAY 14

"여기까지 오느라 애썼어.
그동안 얼마나 열심히 살았는지 내가 가장 잘 알지.
잘하고 있는 거야. 조금만 더 힘내자."

이렇게 말하면 되는 거예요. 더 열심히 하고 싶을 때 자기 비하를 동력으로 삼을 필요가 없습니다. 스스로 노력하며 이루어가고 있는 과정을 자랑스러워하면 됩니다. 자기 비하, 불안, 비관은 결코 성공의 동력이 될 수 없습니다. 해내겠다는 마음과 긍정적인 생각만이 나를 성장시킬 수 있습니다.

『우울한 마음도 습관입니다』 193쪽

DAY 14

하루 칭찬일기

당연하게 여겼던 일도 칭찬거리가 될 수 있습니다.

예) 오늘 아침에도 침대에서 몸을 일으켜 하루를 시작해낸 나, 정말 기특하다.

하루 감사일기

고마운 사람에게 표현을 해보는 건 어떨까요?

예) ○○아, 네 덕분에 오늘 많이 웃었어. 내 얘기 들어줘서 고마웠어.

하루 자기긍정확언

나는 오늘 나의 몸과 마음을 부드럽게 돌본다.

나는 피곤함을 무시하지 않고, 스스로를 쉬게 한다.

나는 내 건강이 삶의 중심임을 기억한다.

나는 회복을 서두르지 않고 천천히 받아들인다.

나는 나에게 필요한 쉼을 미루지 않는다.

나는 오늘의 에너지를 소중히 사용한다.

나는 내 몸이 보내는 신호에 귀 기울인다.

나는 건강을 위해 작은 실천을 매일 반복한다.

나는 무리하지 않고 내 리듬대로 살아간다.

나는 스스로를 혹사시키지 않기로 다짐한다.

나는 내 몸과 마음이 연결되어 있다는 걸 느낀다.

나는 잘 쉬는 것 또한 생산적인 일임을 안다.

나는 식사와 수면을 우선순위로 둔다.

나는 내 컨디션에 따라 속도를 조절한다.

나는 스트레스를 쌓지 않고 풀어내려 노력한다.

DAY 15

빈센트 반 고흐(Vincent van Gogh), 〈뇌운 아래의 밀밭(Wheatfield under Thunderclouds)〉, 1890

나는 작은 불편함도 지나치지 않는다.

나는 내 몸의 감각을 존중하고 신뢰한다.

나는 자주 몸을 움직이며 생기를 유지한다.

나는 나를 괴롭히는 습관에서 벗어나고 있다.

나는 내 몸을 비판하지 않고 다정하게 대해준다.

나는 걷는 동안 나의 감정도 정리된다는 걸 느낀다.

나는 일상 속에서 몸을 회복시키는 시간을 마련한다.

나는 피로가 쌓일 때 멈추는 선택을 한다.

나는 건강한 음식을 먹으며 나를 돌본다.

나는 규칙적인 루틴이 나에게 안정감을 준다는 걸 안다.

나는 내 몸이 원하는 만큼 움직이고 멈춘다.

나는 감정의 피로도 신체처럼 돌본다.

나는 내 몸을 탓하지 않고 있는 그대로 수용한다.

나는 적절한 운동이 내 마음까지 가볍게 한다는 걸 안다.

나는 회복이 나에게 필요한 사랑임을 안다.

DAY 15

앙리 에드몽 크로스(Henri-Edmond Cross), 〈분홍색 구름(The Pink Cloud)〉, 1896

하루 필사

'행복은 기쁨의 강도가 아니라 빈도'라고 합니다. 가슴을 두근거리게 하는 대단한 행복감에 한 번 압도되는 것보다 소소하지만 잠시 설레게 하는 작은 행복을 자주 느끼는 것이 훨씬 좋다는 말입니다. 그러려면 나의 일상을 잘 살펴보고 감사한 일을 찾아보고 작은 행복을 발견할 수 있어야 합니다.

행복은 기쁨의 강도가 아니라 빈도라는 걸 실천하고 있는 사람들이 있습니다. 그들은 아주 작은 것에도 엄청 크게 기뻐하죠. 그런 사람들과 가까이 지내면서, 나도 그런 사람이 되도록 노력해보세요.

그러면 긍정사고 습관을 가진 사람들이 내 주변에 많아집니다. 기분 좋은 말을 하고 기분 좋은 생각을 하는 사람들이 무리를 이루게 되죠. 그러면 세상이 행복 천지라는 걸 알게 됩니다. 세상이 긍정 천지라는 걸 내 눈이 발견하게 됩니다.

『우울한 마음도 습관입니다』 194쪽

DAY 15

똑같은 환경에 처해도 내가 다르게 느끼면 행복해집니다. 여행 가는 날 비 온다고 불평하는 게 아니라 비 오는 날 여행의 운치를 느끼면서 흠뻑 감성에 젖어보는 거예요. 불평한다고 비가 그치지 않잖아요. 그러니 다른 자극으로 느끼자는 거죠. 같은 자극이어도 긍정적 반응을, 좋은 감정을 선택하는 겁니다.

자극과 반응 사이에는 공간이 있습니다. 자극받은 대로 자동반응하지 말고, 마음의 공간에서 행복을 선택해야 합니다.

『우울한 마음도 습관입니다』 196, 198쪽

DAY 15

하루 칭찬일기

부정적인 생각이 떠올라도 칭찬할 부분을 억지로라도 찾아 적어보세요.

예) 오늘 정말 우울했는데, 이런 내 감정을 외면하지 않았다. 나는 내가 대견하다.

하루 감사일기

삶이 거칠어도, 감사는 마음을 부드럽게 해줍니다.

예) 휴대전화로 소중한 사람들과 소통할 수 있어서 감사하다.

하루 자기긍정확언

나는 건강이 내 삶을 빛나게 한다고 믿는다.

나는 스스로를 돌보는 일을 가장 중요한 약속으로 여긴다.

나는 내 몸의 리듬에 따라 생활을 조율한다.

나는 휴식이 죄책감이 아닌 권리임을 기억한다.

나는 하루 중 잠시 멈추는 시간의 힘을 믿는다.

나는 내 안의 에너지를 지혜롭게 사용한다.

나는 건강한 하루가 쌓여 건강한 인생이 된다는 걸 안다.

나는 불편함을, 몸이 나에게 보내는 신호로 받아들인다.

나는 감정의 무게가 클수록 몸을 더 부드럽게 돌본다.

나는 일보다 나를 우선할 수 있는 용기를 가진다.

나는 몸이 필요로 하는 것에 정직하게 반응한다.

나는 내 몸의 고마움을 자주 떠올린다.

나는 자극적인 선택 대신 건강한 습관을 기른다.

나는 몸을 위한 투자가 가장 현명한 선택임을 안다.

나는 내 건강을 스스로 책임질 수 있다.

DAY 16

존 윌리엄 고드워드(John William Godward), 〈마음이 젊을 때(When the Heart Is Young)〉, 1902

나는 회복을 위한 모든 시도가 가치 있다고 믿는다.

나는 스스로에게 상처 주는 말을 삼가려 노력한다.

나는 오늘의 피로를 내일로 넘기지 않는다.

나는 운동을 스트레스가 아닌 선물처럼 느낀다.

나는 몸을 움직이며 기분도 함께 순환시킨다.

나는 나에게 건강할 권리가 있음을 인정한다.

나는 피곤할 때 눈을 감고 깊게 숨을 쉰다.

나는 스스로를 더 잘 돌보기 위해 노력한다.

나는 내 건강을 위해 거절할 줄 아는 사람이 되고 있다.

나는 몸의 온기를 감지하며 감정도 녹아내림을 느낀다.

나는 내 몸을 친구처럼 신뢰한다.

나는 스스로에게 사랑의 말을 건넨다.

나는 내 몸의 리듬에 따라 자연스럽게 살아간다.

나는 건강한 습관을 만들고 유지할 수 있다.

나는 오늘도 나의 회복을 응원한다.

DAY 16

존 윌리엄 고드워드(John William Godward), 〈줄리아(Julia)〉, 1914

하루 필사

부정적 감정이 일어났다면 당장 긴급한 처방을 해야 합니다. '빨리' 벗어나야 해요. 응급처치가 필요합니다. 수술은 그다음 단계에서 해야 할 일입니다. 골든타임 안에 빠르게 적시에 응급처치를 해야 합니다. 특히 이미 우울증으로 힘들어하는 분들에게는 이 의식이 너무나 중요합니다. 그리고 이렇게 자동 반응 시스템을 만들어놓으면 우리는 좀 더 가볍고 행복한 기분으로 살아갈 수 있어요.

『우울한 마음도 습관입니다』 205쪽

DAY 16

마음의 상처는 내가 선택하는 겁니다. 상처를 받을 것인지 받지 않을 것인지, 상대방의 말을 100퍼센트 접수할 것인지 아닌지는 내가 결정하면 됩니다. 상대가 하는 말에는 나에게 상처 주는 것이 목적인 말들도 많습니다. 그 말을 다 접수하고 상대가 원하는 대로 상처받는 것은, 내 감정을 그에게 맡기는 꼴입니다. 내 감정은 내 것이고, 내 품격은 내가 만듭니다.

『우울한 마음도 습관입니다』 219, 220쪽

DAY 16

하루 칭찬일기

몸이 한 행동뿐 아니라 마음의 선택도 칭찬해보세요.

예) 도움을 요청하는 용기를 가진 나 자신에게 고맙다.

하루 감사일기

감사를 전하는 마음은 가장 따뜻한 사랑의 표현입니다.

예) 오늘도 나의 손과 발의 수고에 감사하다. 고마워! 사랑해!

하루 자기긍정확언

나는 나의 모든 감정과 생각을 있는 그대로 인정한다.

나는 내가 완벽하지 않아도 소중한 존재임을 안다.

나는 실수했을 때도 나를 다정하게 바라본다.

나는 과거의 나를 부드럽게 감싸안을 수 있다.

나는 부족함 속에서도 내 가능성을 발견한다.

나는 나를 자주 다그치지 않기로 약속한다.

나는 있는 그대로의 내가 괜찮다는 사실을 잊지 않는다.

나는 비교 대신 이해를 선택한다.

나는 나 자신에게 자주 미소 지을 수 있다.

나는 나의 속도와 방향을 존중한다.

나는 불완전한 나를 사랑할 수 있는 힘을 키우고 있다.

나는 자주 실망해도 다시 일어날 수 있다.

나는 나에게 부드러운 말을 건네는 연습을 한다.

나는 나의 약점을 공격하지 않는다.

나는 나와의 관계를 가장 소중히 여긴다.

DAY 17

빈센트 반 고흐(Vincent van Gogh), 〈삼나무가 있는 길(Road with Cypresses)〉, 1890

나는 오늘의 나를 있는 그대로 수용한다.
나는 감정을 억누르지 않고 차분히 이해하려 한다.
나는 부족함이 있어도 충분히 괜찮은 사람이다.
나는 나에게 실망한 날에도 나를 버리지 않는다.
불완전하더라도 내 모습 그대로 살아가고 싶다.
나는 타인의 기대보다 내 마음을 우선시한다.
나는 비판보다는 호기심으로 나를 바라본다.
나는 내 안의 어두운 감정도 존중한다.
나는 상처받은 나에게 연민을 보낸다.
나는 외로울 때 내 마음을 먼저 안아준다.
나는 나를 탓하지 않고 다정하게 물어본다.
나는 조급함 속에서도 나를 놓치지 않는다.
나는 과거의 실수를 성장의 일부로 받아들인다.
나는 나의 내면을 들여다볼 용기를 가졌다.
나는 지금의 나를 가장 좋은 상태라고 긍정한다.

DAY 17

빈센트 반 고흐(Vincent van Gogh), 〈고흐의 방(Bedroom in Arles)〉, 1888

하루 필사

자신만의 자동행동 규칙을 만들고, 소리 내어 말하며 다짐하고, 바로 실행하는 연습을 해보세요. 나의 뇌를 믿으세요. 나의 변화를 응원해 줄 가장 든든한 지원군 또한 뇌입니다.

무력하고 우울한 일상을 바꾸고 싶다면 이 말을 주문처럼 외워야 합니다. 눈으로 보고 귀로 듣는 것은 학습이지, 행동은 아닙니다. 그런데 소리 내어 나의 목소리로 한번 발음하는 것은 '행동'입니다. 우리 뇌는 누구 목소리를 제일 좋아할까요? 나의 뇌는 내 목소리를 제일 좋아합니다. 내 목소리로 힘차게 외치고 지금 바로 행동을 시작하면 됩니다.

나를 성장시키는 좋은 습관을 갖게 되면 자아존중감이 충만해지고 대인관계에 자신감이 생기고 활기찬 에너지가 생성됩니다. 함께 대화하고 싶고 함께 일하고 싶은 사람이 되는 거죠.

『우울한 마음도 습관입니다』 229, 231쪽

DAY 17

키르케고르는 '인간은 살아 있는 한 불안에서 결코 벗어날 수 없다'고 말하면서 우리가 실존적 존재자로서 자신을 회복하려면 불안을 제대로 배워야 한다고 말했습니다. 불안이 인간이라면 겪을 수밖에 없는 감정임을 깨달아야 합니다. 불안은 인간 내면의 가장 본질적 요소이자 지극히 자연스러운 현상입니다.

『우울한 마음도 습관입니다』 236쪽

DAY 17

하루 칭찬일기

오늘 지켜낸 약속이 있다면 꼭 기록하세요.

예) 지치고 피곤했지만 책 20쪽을 읽기로 한 약속을 지킨 나를 존중한다.

하루 감사일기

내가 가진 것에 집중할 때, 부족함은 줄어들어요.

예) 피곤한 몸이 쉴 수 있는 나의 공간이 있어서 감사하다.

하루 자기긍정확언

나는 관계 속에서 나를 잃지 않는다.
나는 나를 지키면서도 타인을 이해할 수 있다.
나는 갈등보다 연결을 선택할 수 있는 사람이다.
나는 관계에서 생긴 상처를 천천히 회복해간다.
나는 서로 다른 생각을 존중하는 연습을 한다.
나는 마음을 닫기보다 천천히 열어보려 한다.
나는 나와 타인 모두를 위한 경계를 세운다.
나는 불편한 대화도 회복의 시작임을 안다.
나는 솔직한 표현이 진심을 전하는 통로임을 믿는다.
나는 완벽한 이해보다 따뜻한 시선을 선택한다.
나는 나의 감정을 말할 수 있는 용기가 있다.
나는 오해가 생겼을 때 먼저 풀고 싶다고 말한다.
나는 먼저 다가갈 줄 아는 사람이다.
나는 가까운 관계일수록 더 섬세하게 다룬다.
나는 마음을 주는 일이 상처가 아니라 성장으로 이어짐을 안다.

DAY 18

조지 엘버트 버(George Elbert Burr), 〈베니스(Venice)〉, 1900

나는 마음의 문을 열 줄 안다.

나는 모든 사람이 나처럼 느끼지 않는다는 걸 인정한다.

나는 사소한 말에도 상처받을 수 있음을 기억한다.

나는 상처를 숨기지 않고 이야기할 수 있다.

나는 대화가 단절될 때 기다릴 줄 안다.

나는 용서가 나를 위한 선택임을 안다.

나는 상처받았다고 관계를 단절하지 않는다.

나는 부드러운 말이 관계를 살린다는 걸 경험했다.

나는 때로 침묵이 가장 따뜻한 응답이 될 수 있음을 안다.

나는 나의 진심이 전달되기를 기다릴 수 있다.

나는 가벼운 인사말이 마음의 문을 여는 열쇠임을 안다.

나는 힘들어하는 사람에게 위로의 한마디를 건넨다.

나는 나를 힘들게 했던 사람도 이해할 여유를 가진다.

나는 멀어진 관계도 다시 가까워질 수 있다고 믿는다.

나는 상대의 입장에서 생각해보려 노력한다.

DAY 18

클로드 모네(Claude Monet), 〈사선하임의 튤립 밭(Tulip Fields at Sassenheim)〉, 1886

하루 필사

불안할 때 내가 뭔가 잘못됐다고 생각하거나 실패 경험을 떠올리지 말고 내가 잘했던 것을 생각해보세요. 내가 살면서 잘한 것들이나 작지만 성과를 거둔 일들을 종이에 써봅니다. 왜 종이에 직접 글씨를 써야 할까요? 우리가 불안하고 우울하고 마음이 힘들 때 글자로 써서 눈으로 확인하고 내 목소리로 들으면 뇌에 자극을 주게 됩니다. 추상적인 생각을 만져지는 것, 보이는 것, 물질적인 것으로 바꿔주는 거죠. 그러면 떠다니던 생각을 정리해주는 효과가 나타납니다.

『우울한 마음도 습관입니다』 242쪽

DAY 18

하얀 종이에 점을 하나 찍었습니다.
그런데 이 종이를 작게 접으면 어떻게 될까요?
큰 종이에 있을 때보다 이 점의 존재가 더 크게 느껴집니다. 불안하고 부정적인 생각이 들고 무기력해지고 부정적인 감정이 나를 덮칠수록, 동굴에서 벗어나 넓은 곳으로 가야 합니다. 내 존재가 작게 느껴지도록요. 문밖으로, 탁 트인 곳으로, 가는 거예요.
저는 가끔 천체 망원경으로 토성이나 목성을 보는데요. 그러면 우주의 광활함이 몸으로 느껴지면서 내가 얼마나 작은 존재인가 하는 생각을 하게 됩니다. 달을 볼 때도 그래요. 내가 작게 느껴지면 불안도 작게 느껴져요. 좁은 방에만 있으면 걱정, 근심, 불안의 크기가 점점 커지면서 나를 덮쳐버립니다. 불안이 나를 잠식해버립니다. 넓은 곳으로 가면 그 공기와 넓은 시야를 확보하는 순간 내 불안과 걱정도 점점 작아져요.

『우울한 마음도 습관입니다』 245, 246쪽

DAY 18

하루 칭찬일기

꾸준함 자체가 칭찬할 만합니다.

예) 매일 영어 문장 5개 외우자고 다짐했는데, 오늘도 빠짐없이 실천했다. 해보려는 의지가 대단해.

DAY 18

하루 감사일기

감사는 삶의 리듬을 평온하게 해주는 음악이에요.

예) 힘들어도 다시 시작할 수 있는 의지가 있어서 감사하다.

하루 자기긍정확언

나는 먼저 사과할 줄 아는 사람이 되려고 노력한다.

나는 관계에서 쌓인 감정을 미루지 않고 정리한다.

나는 공감이 대화를 깊게 만든다는 걸 안다.

나는 반응보다 이해를 먼저 하려고 한다.

나는 내 감정에 솔직하고, 타인의 감정에도 존중을 보인다.

나는 "미안해"라고 말하는 용기를 낸다.

나는 "고마워"라고 자주 표현한다.

나는 친밀함을 유지하려는 노력을 소중히 여긴다.

나는 가까운 사람에게 더 따뜻한 말투를 쓴다.

나는 친절을 꾸준히 실천할 수 있다.

나는 나와의 관계를 회복할 수 있다.

나는 사랑받기 위해 애쓰지 않아도 된다는 걸 안다.

나는 어떤 관계가 느슨해질 수 있어도 끊어지지 않는다는 걸 믿는다.

나는 내가 이해받고 싶은 만큼 상대도 이해받고 싶다는 걸 안다.

나는 관계 회복은 하나의 용기임을 안다.

DAY 19

카미유 피사로(Camille Pissarro), 〈오베르 쉬르 우아즈, 발에르메이유의 소치기(A Cowherd at Valhermeil, Auvers-sur-Oise)〉, 1874

나는 상처를 마주하면서도 존중을 놓지 않는다.
말을 아낄수록 마음을 더 잘 살필 수 있다.
나는 관계를 완성하려 하지 않고, 계속 살아 숨 쉬게 두려 한다.
나는 물리적인 거리보다 마음의 거리가 더 중요하다는 걸 안다.
나는 잠깐의 오해로 사랑을 놓치지 않는다.
나는 오래된 인연의 소중함을 잊지 않는다.
나는 가까운 사람일수록 더 자주 고맙다고 말한다.
나는 이별이 아닌 이해로 끝나는 관계를 바란다.
나는 관계에도 여유를 주어야 한다는 걸 안다.
나는 때로는 거리를 두는 것이 진심을 지키는 일임을 안다.
나는 나의 반응이 관계를 변화시킬 수 있음을 기억한다.
나는 나를 위한 관계, 나를 아끼는 관계를 선택한다.
나는 다정한 말이 삶의 분위기를 바꾼다는 걸 안다.
나는 대화가 단절된 순간에도 회복의 길을 열어둘 수 있다.
나는 사람 사이의 온기를 믿는다.

DAY 19

카미유 피사로(Camille Pissarro), 〈옥타브 미르보의 정원과 닭장, 레 당(Garden and Henhouse at Octave Mirbeau's, Les Damps)〉, 1892

하루 필사

불안할 때 꼭 해야 할 세 가지 행동!

1. 뻔뻔해지자. 자아성찰하지 말자. 잘난 척해보자.
2. 넓은 곳으로 가자. 내 존재가 작게 느껴지는 넓은 곳으로 가고, 나에게 긍정적인 에너지를 줄 수 있는 사람을 만나자.
3. 작은 일을 성취하자. 성취의 기쁨과 만족감이 에너지를 만든다.

『우울한 마음도 습관입니다』 251쪽

DAY 19

이미 끝난 일과 일어나지 않을 일에 현재 나의 마음과 생각을 소비하지 말아요. 사람은 나이가 들수록 지혜가 생깁니다. 경험의 지혜가 생기죠. 우리는 이미 경험으로 알고 있습니다.

> 어떤 고통도 영원히 지속되지는 않아요.
> 지나갑니다.
> 곧 지나간다는 걸 믿으세요.
> 그때는 죽을 것 같았을 거예요.
> 정말 숨을 쉴 수가 없었을 거예요.
> 그런데 그 고통도 끝났어요.
> 시간이 지나니까 잊혔어요.
> 그 경험을 이미 해보셨잖아요.
> 그 경험을 노트에 쓰세요.
> 종이에 적고 잘 보이는 곳에 두세요.
>
> 그 불안도,
> 그 괴로움도 끝났다고,
> 지나갔다고,
> 나에게 이야기해주세요.

『우울한 마음도 습관입니다』 252쪽

DAY 19

하루 칭찬일기

'나는 충분히 행복하다'는 태도로 글을 시작해보세요.

예) 바쁜 하루 속에서도 잠시 숨 고를 시간을 낼 여유가 있었으니 행복하다.

DAY 19

하루 감사일기

하루를 감사로 마무리하면, 기분 좋게 잠들 수 있어요.

예) 나를 지지해주는 친구가 있음에 감사하다.

하루 자기긍정확언

나는 평범한 일상 속에서도 특별함을 느낀다.

나는 작은 순간에서도 기쁨을 발견할 줄 안다.

나는 오늘 하루에도 감사할 일이 많음을 안다.

나는 햇살 한 줌에도 마음이 따뜻해진다.

나는 사소한 웃음이 하루를 바꿀 수 있다고 믿는다.

나는 일상 속 소중한 것을 놓치지 않으려 한다.

나는 익숙함 속에서 새로운 감동을 찾아낸다.

나는 좋아하는 것에 집중할 때 가장 나다워진다.

나는 지금 이 순간의 온기를 누릴 줄 안다.

나는 매일 나를 미소 짓게 하는 순간을 기억한다.

나는 오늘도 좋은 일이 생길 수 있다는 기대를 품는다.

나는 하루 한 번 웃는 것만으로도 행복을 느낀다.

나는 반복되는 하루에서도 다채로운 감정을 느낀다.

나는 나에게 기쁨을 주는 것들을 소중히 여긴다.

나는 내가 좋아하는 음악으로 하루를 밝게 만든다.

DAY 20

파울 클레(Paul Klee), 〈영웅적인 장미(Heroic Rose)〉, 1938

나는 나의 취향을 아는 것이 작은 기쁨이 된다는 걸 안다.

나는 오늘의 커피 한 잔도 진심으로 즐긴다.

나는 혼자 있는 시간도 충만하게 누린다.

나는 웃을 수 있는 상황이 있다는 것에 감사한다.

나는 내가 사랑하는 사람들과의 순간을 놓치지 않는다.

나는 좋은 대화가 하루를 환하게 만든다는 걸 경험한다.

나는 매일 작은 행복을 수확하는 중이다.

나는 눈길 닿는 것마다 따뜻함을 느낀다.

나는 계절이 바뀌는 것도 감사하게 느낀다.

나는 지금 여기에 있는 것만으로도 충분하다.

나는 오늘 내가 웃을 수 있었던 이유를 기억한다.

나는 마음이 평화로울 때 소소한 것에 더 감사할 수 있다.

나는 오늘도 내가 좋아하는 것을 할 수 있어 기쁘다.

나는 내가 만든 공간에서 편안함을 느낀다.

나는 나를 위해 차린 식탁이 주는 기쁨을 안다.

DAY 20

파울 클레(Paul Klee), 〈베네치아의 작은 방(A Little Room in Venice)〉, 1933

하루 필사

"인생을 두 번째로 살고 있는 것처럼 살아라. 그리고 지금 막 당신이 하려고 하는 행동이 첫 번째 인생에서 반복했던 그릇된 행동이라고 생각하라."

빅터 프랭클의 말을 기억하세요. 지금 막 내가 하려는 행동이, 과거에 내가 했던 그릇된 행동이라면, 지금 바로 더 좋은 행동으로 수정할 수 있어요. 이번 생에서 내게 주어진 사명을 완수해야죠. 죽기 전까지 내 인생이 어떻게 전개될지는 아무도 모릅니다. 미래에 대한 기대를 버려선 안 됩니다. 전생이 있다면, 전생에서도 나는 지금의 내 상황을 탓하며, '이번 생은 망했다'고 탄식했을지도 몰라요. 전생에서 했던 실수를, 오늘 또 반복할 순 없지요.

『우울한 마음도 습관입니다』 287쪽

DAY 20

내가 밝은 에너지를 내면 내 주변에 밝은 에너지의 사람들이 다가옵니다. 내가 자꾸 우울해하고 과거의 고통에 빠져 있으면 좋은 에너지를 가진 사람들이 나에게 가까이 다가오지 않습니다. 늘 괴롭고 힘들다는 말만 하는 사람을 보고 있기가 너무 마음이 아프잖아요. 한두 번 위로의 말을 해주다가도 내가 힘들어져서 그 사람을 점점 멀리하고 싶어집니다. 늘 긍정적이고 자주 웃는 사람이나 곁에 있기만 해도 기분 좋은 에너지가 느껴지는 사람은 가까이하고 싶습니다. 친해지고 싶죠. 그건 인지상정입니다.

언어는 습관입니다.

불행도 습관입니다.

부정적인 말을 계속하면 마음도 행동도 부정적으로 편향될 수밖에 없습니다.

『우울한 마음도 습관입니다』 307쪽

DAY 20

하루 칭찬일기

어제보다 나아진 작은 변화를 칭찬하세요.

예) 어제보다 나를 조금 더 이해하게 된 내가 좋다.

하루 감사일기

감사는 내면의 빛을 꺼뜨리지 않는 힘이에요.

예) 책을 읽으며 배울 수 있어서 감사하다.

하루 자기긍정확언

나는 아침의 고요함이 마음을 맑게 해준다는 걸 안다.

나는 평범한 하루가 얼마나 소중한지 알고 있다.

나는 삶의 속도를 늦추는 것에서 여유를 배운다.

나는 내가 좋아하는 향기를 맡으며 안정감을 느낀다.

나는 오늘 들은 따뜻한 말 한마디를 마음에 담는다.

나는 내가 나에게 웃을 수 있는 사람이 되기를 바란다.

나는 지금 이 순간이 나의 삶임을 기억한다.

나는 오늘의 하늘이 주는 위로를 받아들인다.

나는 좋은 하루를 스스로 만들 수 있다.

나는 오늘도 나에게 좋은 시간을 허락한다.

나는 내 마음이 기뻐하는 방향으로 걷는다.

나는 나에게 집중할 때 진짜 기쁨을 느낀다.

나는 일상의 작은 변화에서 생기를 얻는다.

나는 하루 중 마음이 가벼운 순간을 소중히 여긴다.

나는 바쁜 와중에도 숨 고르기를 잊지 않는다.

DAY 21

피에르 오귀스트 르누아르(Pierre-Auguste Renoir), 〈브르타뉴에서(In Brittany)〉, 1886

나는 자연 속에 있을 때 진심으로 살아 있음을 느낀다.

나는 나만의 여유로운 루틴을 소중히 지킨다.

나는 따뜻한 빛과 향기 속에서 마음을 씻는다.

나는 평범한 하루가 얼마나 특별한지를 안다.

나는 내가 느끼는 행복을 다른 이와 나누고 싶다.

나는 일상의 기쁨을 기억하고 다시 떠올릴 줄 안다.

나는 오늘의 나에게 "수고했어"라고 말할 수 있다.

나는 내가 선택하는 작은 것들이 내 기분을 바꾼다는 걸 안다.

나는 피곤한 날에도 기분 좋은 포인트를 하나 찾는다.

나는 하루를 기쁘게 마무리하는 내 습관이 좋다.

나는 느리게 살아도 그 안에 기쁨이 있음을 안다.

나는 오늘의 빛나는 순간을 가슴에 담는다.

나는 내가 좋아하는 것들로 하루를 채운다.

나는 나에게 가장 따뜻한 말 한마디를 건넨다.

나는 일상의 행복을 발견하는 연습을 계속하고 있다.

DAY 21

피에르 오귀스트 르누아르(Pierre-Auguste Renoir), 〈보트 파티의 점심(Luncheon of the Boating Party)〉, 1880–1881

하루 필사

고민이 있다면 자신만의 방법으로 속풀이하면서 마음을 비워내야 합니다. 사람마다 마음 그릇의 용량이 한정돼 있어요. 그 마음에 괴로움과 슬픔과 우울이 가득 차 있다면 어떻게 해야 할까요? 다 비워내야죠. 그래야 기쁨과 행복이 차오릅니다.
"나는 힘과 자신감을 늘 내 바깥에서 찾았지만 자신감은 내면에서 나온다. 자신감은 항상 그곳에 있었다."
심리학자 아나 프로이트의 말입니다. 나를 치유할 수 있는 힘은 타인의 입에서 나오는 것이 아닙니다. 내 마음속에 다 있습니다. 스스로 나를 살려야 돼요. 그 힘이 나에게 있어요. 내 안에 있는데 너무 힘들 때는 먹구름에 가려서 보이지 않을 뿐입니다.
나의 치유 능력을 믿어야 합니다. 내가 나를 치료할 수 있다고 진심으로 믿어야 합니다. 그걸 믿지 못하면 평생 남한테 의지하면서 살 수밖에 없어요. 내 인생은 내가 살아야죠. 내 인생은 내가 주인공이에요.

『우울한 마음도 습관입니다』 307, 308쪽

DAY 21

나는 내가 키웁니다.
나이 들수록 우리는 성장해야 합니다.
어제의 나보다 오늘의 내가 조금 더 성장하고
어제의 나보다 오늘의 내가 조금 더 행복하고
오늘의 내가 어제의 나보다 조금 더 지혜로워진다면
나의 오늘과 내일은 반드시 좀더 성장해 있을 겁니다.
좀더 행복해질 겁니다.
좀더 긍정적으로 생각하게 될 겁니다.
좀더 가벼운 마음으로 사람을 만나고
어떤 어려운 일을 당해도 빨리 일어나게 될 것입니다.

『우울한 마음도 습관입니다』 293쪽

DAY 21

하루 칭찬일기

오늘 하루 끝까지 살아낸 나를 인정하세요.

예) 상처받고도 다시 웃으며 하루를 살아낸 나, 정말 잘했다.

하루 감사일기

자신에게 감사하는 연습을 해보세요. '잘 버텼다'는 말 한마디가 필요해요.

예) 오늘도 잘 버텨낸 나의 몸과 마음에 감사하다.

2부

생기 있는 삶으로 이끄는 66일

21일 과정을 모두 마쳤습니다. 매일 시간을 들여, 스스로를 바라보고, 다정하게 말을 걸고, 마음을 기록한 시간들이 모여 지금의 당신을 만들었어요. 혹시 느껴지시나요? 예전보다 자신을 더 부드럽게 대하고 있다는 것, 감사할 순간이 더 잘 보인다는 것, 좋은 감정을 선택하게 된다는 것을요. 21일 동안 자신을 잘 돌보고 긍정적인 사고 습관을 만들어갔다는 증거입니다.

21일간의 연습을 통해서 긍정사고의 습관의 씨앗을 심었으니 이제 긍정의 씨앗이 깊게 뿌리 내리게 할 시간입니다. 우리가 반복해서 하는 생각은 결국 행동의 패턴이 되고, 자주 쓰는 언어는 정서의 방향을 결정합니다. 2부에서 이어지는 22일부터 66일까지의 훈련은, 당신의 긍정적인 사고 방식이 더 이상 '노력'이 아닌 '자연스러운 반응'으로 자리 잡도록 도와줄 것입니다.

긍정사고는 하루이틀로 완성되지 않지만, 반복은 뇌를 바꾸고 감정을 훈련합니다. 감사일기와 칭찬일기를 매일 기록하다 보면, 나도 모르게 나를 응원하게 되는 말투, 세상에서 고마움을 발견하는 시선, 비난보다 격려를 먼저 떠올리는 마음이 차곡차곡 쌓여 긍정사고 자동화 시스템을 만듭니다. 그리고 그 감정의 흐름은 어느새 '나의 무의식'을 긍정으로 물들입니다. 지금부터 시작될 66일의 여정이 끝나면 긍정적인 사람으로 변한 자신을 발견하게 될 겁니다.

긍정사고 습관을 완성하는
66일 행복 루틴

하루에 칭찬일기 3문장과 감사일기 3문장, 이렇게 6문장을 써보세요. 뇌를 바꾸는 작은 습관은 완전히 다른 삶을 살게 만듭니다. 1년 동안 나를 1,095번 칭찬하고, 또 1,095번 감사의 말을 적어본다면, 그 순간부터 우리의 뇌는 매일 자존감을 채우고 감사할 일을 찾아내는 뇌로 변하기 시작합니다. 하루 6문장을 적으면, 365일 뒤에는 무려 2,190문장이 쌓입니다.

21일 동안 칭찬일기와 감사일기를 매일 쓰면 스스로를 미워하던 마음이 서서히 회복되고, 66일을 넘기면 도전이 즐거워지며 나와 타인에게 더 관대해집니다. 그리고 1년을 이어간다면 어떻게 될까요? 죽는 날까지 내가 원하는 감정과 생각을 선택하며, 원하는 삶을 직접 창조할 수 있습니다.

왜 '칭찬 3문장 + 감사 3문장'이 뇌를 바꿀까요?

첫째, 신경가소성 때문입니다. 뇌는 자주 쓰는 회로는 강화하고, 잘

쓰지 않는 회로는 약화시키는 성질이 있습니다. 매일 '나를 칭찬하는 말'과 '감사의 문장'을 적으면 전전두피질(자기 평가와 가치 평가를 담당)과 보상 회로가 자극됩니다. 실제 연구에서도 감사 글쓰기를 꾸준히 한 사람들의 뇌는 몇 달이 지나도 여전히 감사에 민감하게 반응했습니다. 반복이 곧 뇌의 변화를 만든다는 증거입니다.

둘째, 자기확언 효과입니다. '나를 칭찬하는 글쓰기'는 자존감을 높일 뿐 아니라 내가 중요하게 여기는 가치와 나 자신을 연결해줍니다. 이 과정을 자기확언이라고 부르는데, 이때 뇌의 보상 영역이 활성화되고 스트레스 호르몬(코르티솔)은 줄어듭니다. 덕분에 압박이 큰 순간에도 문제 해결력이 좋아집니다. 짧은 칭찬 한 줄이 마음 근육을 키웁니다.

셋째, 감사의 상향 나선(upward spiral of gratitude)입니다. 수많은 연구들이 입을 모아 말합니다. 감사 훈련은 행복감을 높이고 우울을 줄이며 수면의 질까지 좋아지게 합니다. 감사는 한 번 하고 끝나는 감정이 아니라, 한 번 시작하면 다음 감사로 이어지면서 '긍정적 자기 강화 루프'를 만드는 힘이 있습니다. 하루 3문장의 감사 기록은 내 감정의 방향타를 조금씩 꾸준히 긍정 쪽으로 돌려놓습니다.

넷째, 사회적 자원 확장 효과가 있습니다. 감사일기를 적으면 타인으로부터 받은 도움을 다시 떠올리게 되고, 이때 관계의 의미와 안전감을 더 크게 느끼며 긍정적 감정이 다시 생깁니다. 감사는 관계를 지탱하는 보이지 않는 연결 고리입니다.

다섯째, 인지능력 확장입니다. 감사와 자기확언이 만들어내는 긍정 정서는 사고의 폭을 넓히고 새로운 대안을 떠올리게 합니다. 이를 '확장-축적 효과'라고 부르는데, 이는 장기적으로는 회복탄력성과 창의성을 키워줍니다. 결국 하루 6문장은 작은 '뇌 확장 훈련'이 됩니다.

여섯째, 습관의 자동화입니다. 새로운 행동이 습관으로 자리 잡으려면 평균 66일이 필요합니다. 처음에는 의식적으로 적어야 하지만, 두 달쯤 지나면 손이 저절로 움직입니다. 같은 시간, 같은 장소에서 쓰면 습관 회로는 더 빨리 자리 잡습니다.

그렇다면 1년 루틴을 만든다면 어떻게 될까요? 양적인 축적 면에서, 하루 6문장을 쓰면 1년 뒤 총 2,190개의 긍정 문장을 직접 만들어낼 수 있습니다. 질적인 변화 면에서도, 처음에는 억지로 쓰는 것 같아도 두 달이 지나면 뇌는 이것을 '기본 모드'로 삼습니다. 가치와 보상 네트워크는 민감해지고, 스트레스 반응은 줄어들며, 사고의 폭은 넓어집니다.

이렇게 시작해보세요

칭찬: "나는 오늘 ___을 해냈다/지켰다/도전했다."
감사: "나는 오늘 ___ 덕분에 ___에 감사한다."

이런 식으로 매일 적어보는 겁니다. 매일 같은 시간과 장소, 예컨대

잠들기 전 책상에서 쓰면 습관화가 더 빨라집니다.

특히 우리는 자기자비(칭찬)에 인색하기 때문에, 칭찬일기 작성을 도와줄 문장과 예시 문장을 제시했습니다. 꼭 그대로 쓰지 않아도 됩니다. 그 문장들을 참고하여 하루를 잘 버틴 스스로를 다정하게 돌봐주세요.

작은 보상을 함께 설계하는 것도 좋습니다. 체크 표시나 스티커 하나만 붙여도 뇌는 '다음에도 하고 싶다'는 신호를 보냅니다.

66일이 지나고 나면 억지로 쓰던 습관은 '안 쓰면 허전한 습관'으로 바뀝니다.

하루 6문장의 힘은 '나를 칭찬하는 눈'과 '세상에 감사하는 마음'을 매일 훈련하는 것에서 시작합니다. 짧은 문장들이 쌓이면 내 뇌와 내 삶을 바꾸는 기적이 일어나게 될 겁니다.

칭찬일기

타인을 배려한 순간을 적어보세요.

★ 예) 기대 없이 사랑을 베푼 내가 정말 멋지다.

★

★

DAY 22

감사일기

삶에 대한 품격과 예의는 감사에서 시작됩니다.

★ 예) 좋아하는 노래를 부르고 들을 수 있어서 감사하다.

★

★

칭찬일기

평소 신경 쓰지 않았던 장점을 찾아 기록하세요.

★ 예) 파란 하늘을 올려다보며 기뻐할 줄 아는 내가 좋다.

★

★

DAY 23

감사일기

감사는 내일을 다시 살아가게 하는 가장 강력한 힘이에요.

★ 예) 길가의 꽃을 공짜로 구경할 수 있어서 감사하다.

★

★

칭찬일기

"나는 오늘 나 자신에게 친절했다"라고 적어도 좋습니다.

★ 예) 내가 나에게 다정해지려는 시도가 기특하다.

★

★

DAY 24

감사일기

하루 중 사소하지만 감사한 시간은 언제인가요?

★ 예) 따뜻한 차를 마실 수 있어서 감사하다.

★

★

칭찬일기

오늘 이 글을 쓰고 있다는 사실 자체를 칭찬하세요.

★ 예) 잊지 않고 오늘도 나의 긍정 뇌 훈련 기록장을 찾아온 나에게 고맙다.

★

★

DAY 25

감사일기

매일이 성공적일 수는 없어요. 그 안에서도 감사를 찾아보세요.

★ 예) 실수를 통해서도 새로운 방법을 배울 수 있어서 감사하다.

★

★

칭찬일기

버티는 것만으로도 칭찬할 가치가 있습니다.

★ 예) 누구에게도 기대지 않고 내 힘으로 견뎌낸 내가 자랑스럽다.

★

★

감사일기

나를 타인과 비교하는 순간, 감사는 어려워져요.

★ 예) 나만의 속도로 느리지만 바르게 살아가고 있는 내 인생에 감사하다.

★

★

칭찬일기

'잘한 점 3가지'처럼 숫자를 정해 쓰면 습관이 쉽게 굳어집니다.

★ 예) 나를 비난하지 않고 바라본 내가 멋지다.

★

★

DAY 27

감사일기

내 곁에 있는 누군가에게 감사한 말을 떠올려봐요.

★ 예) 지금 이 순간, 누군가와 연결되어 있다는 사실 하나만으로도 감사하다.

★

★

칭찬일기

부드러운 표현을 써서 따뜻하게 칭찬해보세요.

★ 예) 오늘 하루를 다르게 살고자 노력한 내가 참 사랑스럽다.

★

★

DAY 28

감사일기

우리는 가진 것보다, 감사하는 만큼 풍요로워져요.

★ 예) 이 아름다운 세상을 보고 느낄 수 있음에 감사하다.

★

★

칭찬일기

짧은 칭찬도 괜찮아요. 꾸준히 적어봅시다.

★ 예) 나는 정말 괜찮은 사람!

★

★

DAY 29

감사일기

감사는 반복될수록 마음의 평화를 선물해줘요.

★ 예) 힘든 순간에도 희망이 있음을 기억할 수 있어서 감사하다.

★

★

칭찬일기

반복되는 칭찬이라도 꾸준히 적으면 효과가 있습니다.

★ 예) 내가 나를 따뜻하게 대해줄 수 있어서 행복하다.

★

★

DAY 30

감사일기

삶이 뜻대로 되지 않아도, 그 속에서 의미를 발견할 수 있어요.

★ 예) 글과 말로 나의 생각을 표현할 수 있음에 감사하다.

★

★

칭찬일기

기분이 우울한 날일수록 억지로라도 칭찬을 써보세요.

★ 예) 울음을 참지 않고 흘려준 내가 기특하다.

★

★

DAY 31

감사일기

무너지지 않도록 나를 지켜준 오늘의 나에게 감사하세요.

★ 예) 내 안에 피어나는 부정적인 생각들을 전보다 빨리 긍정적으로 바꿀 수 있음에 감사하다.

★

★

칭찬일기

어제 못한 걸 오늘 해냈다면 꼭 기록하세요.

★ 예) 밀린 빨래를 드디어 해치웠다. 내 마음도 보송보송해졌다.

★

★

DAY 32

감사일기

감사는 어제를 치유하고 내일을 준비하게 해주는
마음의 언어입니다.

★ 예) 하루 종일 좋은 기분으로 보낸 오늘이 참 감사하다.

★

★

칭찬일기

오늘의 선택 중 마음에 드는 하나를 적으세요.

★ 예) 실수를 반복했음에도 나 자신을 미워하지 않고 다시 일어나준 내가 너무 기특하다.

★

★

DAY 33

감사일기

감사는 눈물 속에서도 꽃을 피우게 하는 마음의 씨앗이에요.

★ 예) 책 속에서 좋은 선생님을 만날 수 있음에 감사하다.

★

★

칭찬일기

하루를 마무리하며 칭찬일기를 쓰면 자기 위로 효과가 커집니다.

★ 예) 내가 만든 따뜻한 하루가 참 소중하고 고맙다.

★

★

DAY 34

감사일기

힘들었던 하루 끝에 나를 안아줄 수 있다면, 그것도 큰 감사예요.

★ 예) 밤이 있어서, 잘 수 있어서, 오늘 하루도 무사히 마무리 할 수 있어서 감사하다.

★

★

칭찬일기

칭찬일기를 쓰는 시간을 '나를 위한 의식'처럼 만들어보세요.

★ 예) 슬퍼도 외로워도 잘 견디며 살고 있는 내가 좋다.

★

★

DAY 35

감사일기

삶은 늘 쉽지 않지만, 감사는 늘 우리 편이에요.

★ 예) 건강을 지켜주는 내 몸에 감사하다.

★

★

칭찬일기

감정과 연결해서 쓰면 더 생생하게 다가옵니다.

★ 예) 매일 조금씩 성장하는 내 모습이 뿌듯하다.

★

★

DAY 36

감사일기

바쁘게 지나간 하루 속에도 감사할 수 있다면,
당신은 이미 잘 살고 있는 거예요.

★ 예) 나를 웃게 해주는 사람들에게 감사하다.

★

★

칭찬일기

오늘의 작은 성실함을 구체적으로 적어봐요.

★ 예) 내 몸을 위해 매일 잠깐이라도 운동하는 나, 너무 대단하다!

★

★

DAY 37

감사일기

감사는 불안하고 우울한 마음을 치유하는 놀라운 능력입니다.

★ 예) 포기하고 싶은 마음 이겨내고, 다시 일어설 수 있는 용기가 있음에 감사하다.

★

★

칭찬일기

"나는 오늘 ~해서 기뻤다"처럼 감정까지 적어보세요.

★ 예) 나는 오늘 친구에게 용기 내어 진심을 말했고, 그런 내가 참 용감하고 멋지다.

★

★

DAY 38

감사일기

지금 이 순간 살아 있다는 것, 내 삶의 의미를
발견하고 있다는 것만으로도 감사합니다.

★ 예) 내 삶에 의미가 있음을 깨달을 수 있어서 감사하다.

★

★

칭찬일기

자신에게 편지를 쓰듯 적어도 좋습니다.

★ 예) 상미야, 작은 일 하나하나 성실히 챙겨낸 너의 노력이 눈부셔. 수고했어.

★

★

DAY 39

감사일기

감사는 어둠 속에서 빛을 찾는 마음의 습관이에요.

★ 예) 새로운 기회를 만날 수 있음에 감사하다.

★

★

칭찬일기

과거의 나와 비교해 발전한 점을 기록하세요.

★ 예) 예전에는 실수하면 자책만 했는데 이제는 배울 점을 찾게 된 내가 기특하다.

★

★

DAY 40

감사일기

지금 내게 주어진 수많은 것들에 감사할 수 있어요.

★ 예) 매일 날씨에 맞춰서 입을 수 있는 옷이 있어 감사하다.

★

★

칭찬일기

다른 이와 달라서가 아니라, 나답다는 이유로 칭찬하세요.

★ 예) 나를 있는 그대로 사랑하는 나 자신이 참 좋다.

★

★

DAY 41

감사일기

매일 이 책으로 행복을 연습하고 있는 당신에게 감사합니다.

★ 예) 감사일기를 쓰다 보니 나 자신을 다독이는 힘이 되어 주어 감사하다.

★

★

칭찬일기

오늘 배운 것을 기록하며 칭찬하세요.

★ 예) 오늘 명상법을 새로 배워 마음을 다스린 내가 대단하다.

★

★

DAY 42

감사일기

감사를 배우면, 삶이 가르쳐주는 모든 것이 선물이 돼요.

★ 예) 평안하게 하루가 흘러가주어 감사하다.

★

★

칭찬일기

오늘 시도한 도전 하나를 써보세요.

★ 예) 카페에서 새로운 메뉴 도전! 소소하고 새로운 즐거움을 발견해서 기쁘다.

★

★

DAY 43

감사일기

슬픔 속에서 피어난 감사는 가장 감동적인 명언이에요.

★ 예) 도전할 수 있는 용기가 내 안에 있어서 감사하다.

★

★

칭찬일기

소중한 내 몸을 돌봐준 행동을 칭찬하세요.

★ 예) 걷기 운동 30분을 한 나, 너무 멋지다!

★

★

DAY 44

감사일기

때로는 상처도 내 마음을 일깨우는 스승이 되어줘요.

★ 예) 과거의 상처를 통해 성장할 수 있음에 감사하다.

★

★

칭찬일기

마음을 지켜낸 순간을 칭찬하세요.

★ 예) 문득 내가 싫어지려 할 때, 마음을 지켜낸 나, 정말 빛난다.

★

★

DAY 45

감사일기

힘든 일상이지만, 살아 있기에 일상이 지속된다는 것에 감사합니다.

★ 예) 오늘도 무언가를 배우고 성장할 수 있음에 감사하다.

★

★

칭찬일기

평소 놓치던 장점들을 발견해보세요.

★ 예) 나는 걱정이 많지만 그만큼 섬세하고 신중한 사람이다.

★

★

DAY 46

감사일기

나의 무기력함조차 있는 그대로 인정할 수 있다면,
그것도 감사예요.

★ 예) 아무것도 하지 못한 하루였지만, 억지로 무리하지 않고 나를 쉬게 해줄 수 있어서 다행이다.

★

★

칭찬일기

사소해 보여도 나에게 의미 있는 행동을 적으세요.

★ 예) 기분이 안 좋을 때, 좋아하는 영상을 보며 기분을 전환할 수 있는 내가 좋다.

★

★

DAY 47

감사일기

가끔은 나를 믿어주는 사람에게 기대는 것도 좋아요.
그런 사람이 있다는 것도 감사한 일이에요.

★ 예) 편하게 내 이야기를 털어놓을 수 있는 친구가 있음에 감사하다.

★

★

칭찬일기

거울을 보고 스스로에게 미소 지어보세요.

★ 예) 어제의 나보다 부드러워진 내가 기특하다.

★

★

DAY 48

감사일기

감사는 상처받은 마음을 회복하는 데 필요한 첫 단추예요.

★ 예) 오늘도 자기 자비와 감사를 실천할 수 있어서 감사하다.

★

★

칭찬일기

오늘 내가 보여준 인내심을 칭찬하세요.

★ 예) 그 사람의 말에 화내지 않고 마음을 잘 다스렸다. 나는 내가 정말 대견하다.

★

★

DAY 49

감사일기

매사에 감사할 줄 아는 사람이 되기를 응원합니다.

★ 예) 오늘도 긍정적인 감정과 생각을 선택하면서 산 나에게 감사하다.

★

★

칭찬일기

하루 5분만 투자해도 충분합니다.

★ 예) 벌써 50일 동안 칭찬일기를 써온 내가 너무 멋지다!

★

★

DAY 50

감사일기

감사는 우리가 삶을 버티게 해주는 마음의 중심입니다.

★ 예) 매일 좋은 습관을 형성하려고 애쓰는 나의 뇌에 감사하다.

★

★

칭찬일기

오늘의 친절한 말을 기록하세요.

★ 예) 카페 직원에게 "좋은 하루 보내세요!"라고 인사하니 내 기분까지 좋아졌다.

★

★

DAY 51

감사일기

상처 많은 이들이 가장 감동적인 감사를 발견할 수 있습니다.

★ 예) 내가 무엇을 원하는지 조금씩 알아가며, 삶의 길을 찾아가고 있어 감사하다.

★

★

칭찬일기

오늘 일어난 긍정적인 변화를 칭찬하세요.

★ 예) 누군가를 미워하지 않으려 애썼다. 너무 어려웠지만 노력한 나는 지혜로웠다.

★

★

DAY 52

감사일기

감사는 다시 사랑할 수 있는 힘을 줍니다.

★ 예) 나의 삶을 사랑으로 채울 수 있어서 감사하다.

★

★

칭찬일기

힘들었는데도 포기하지 않은 나를 인정해주세요.

★ 예) 마음 약해지지 않으려 애쓴 나, 충분히 잘 해내고 있어.

★

★

DAY 53

감사일기

나를 떠난 사람이 나를 더 단단하게 해줬다면,
그 또한 감사할 이유예요.

★ 예) 타인을 신경 쓰지 않고 나에게 집중하며 미소 지을 수 있는 이 순간에 감사하다.

★

★

칭찬일기

하루 중 나의 밝았던 순간을 적으세요.

★ 예) 건강한 식단으로 맛있는 밥을 잘 챙겨 먹었다. 내 몸을 아껴주는 내가 참 좋다.

★

★

DAY 54

감사일기

고마운 사람을 잃기 전에, 고맙다고 말해보세요.

★ 예) 나를 조건 없이 사랑해주는 이들에게 감사하다.

★

★

칭찬일기

"나는 오늘 ~을 해서 마음이 뿌듯하다"라고 마무리해보세요.

★ 예) 나는 오늘 나의 아픔을 나누고 감정을 공유해서 마음이 뿌듯하다.

★

★

DAY 55

감사일기

감사는 사라지는 기억을 의미 있게 저장하는 기적이에요.

★ 예) 내 삶에 사랑을 나눌 수 있는 인연들이 있다는 사실에 감사하다.

★

★

칭찬일기

타인을 도와준 일을 칭찬하세요.

★ 예) 주변을 살피고 기꺼이 도움을 준 내가 자랑스럽다.

★

★

DAY 56

감사일기

감사는 내 마음을 보살피는 가장 깊은 기도입니다.

★ 예) 오늘도 눈을 뜨고 새로운 하루를 맞이할 수 있는 축복에 감사하다.

★

★

칭찬일기

나의 책임감을 보여준 행동을 기록하세요.

★ 예) 맡은 일을 끝까지 해내다니! 나는 성실하고 강인했다!

★

★

감사일기

때로는 혼자 있는 그 시간조차 감사해야 해요.

★ 예) 고요하게 하루를 돌아보며 마무리하는 이 시간이 너무 소중하고 감사하다.

★

★

칭찬일기

주어진 시간을 지켜낸 나를 칭찬하세요.

★ 예) 공부 시간을 정해놓고 휴대폰을 내려두고 끝까지 집중한 나, 참 잘했어.

★

★

DAY 58

감사일기

감사할 줄 아는 사람은 사람을 더 깊이 이해할 수 있어요.

★ 예) 오늘 들은 좋은 음악이 내 하루를 환하게 해주어 감사하다.

★

★

칭찬일기

오늘의 한 걸음을 기록하세요.

★ 예) 나를 위해 산책하고 좋은 풍경을 눈에 담으려 노력하는 내가 좋다.

★

★

DAY 59

감사일기

내가 받았던 따뜻함을 잊지 않는다면,
나는 반드시 따뜻한 사람이 될 거예요.

★ 예) 세월이 흐를수록 따뜻한 마음의 여유가 더 많아져서 감사하다.

★

★

칭찬일기

실망한 뒤에도 다시 일어선 나를 칭찬하세요.

★ 예) 혼란 속에서도 중심을 잡은 내가 대단하다.

★

★

DAY 60

감사일기

마음이 아플수록, 감사를 붙들어야 해요.

★ 예) 모든 순간이 평화로워질 거라고 소망할 수 있어서 감사하다.

★

★

칭찬일기

습관을 이어가고 있는 자신을 칭찬하세요.

★ 예) 지친 날에도 희망을 품고 긍정사고 습관을 지키고 있는 나는 빛나는 사람이다.

★

★

DAY 61

감사일기

감사를 매일 연습하면, 내면이 건강해져요.

★ 예) 오늘, 지금 이 자리에 앉아 생각하고 사색할 수 있음에 감사하다.

★

★

칭찬일기

거창하지 않아도 됩니다. 있는 그대로의 나를 칭찬하세요.

★ 예) 어제를 돌아보며 반성할 줄 아는 내가 참 좋다.

★

★

DAY 62

감사일기

감사는 삶을 버티게 하는 내 마음의 빛이에요.

★ 예) 삶의 소소한 아름다움을 느끼고 감동하는 나 자신에게 감사하다.

★

★

칭찬일기

"오늘도 잘 해냈다"는 짧은 문장도 충분합니다.

★ 예) 오늘도 잘 해냈다. 기특해!

★

★

DAY 63

감사일기

내가 이만큼 왔다는 사실, 그것만으로도 감사할 이유가 돼요.

★ 예) 나의 책상, 나의 책, 나의 펜…. 책을 읽고 글을 쓸 수 있는 환경에 감사하다.

★

★

칭찬일기

나를 안아주는 마음으로 오늘의 일기를 써보세요.

★ 예) 나를 격려하는 내 목소리가 참 좋다.

★

★

DAY 64

감사일기

감사는 마음이 다시 살아나게 만드는 위대한 시작이에요.

★ 예) 나를 믿어주고 응원해주는 한 사람 덕분에 하루가 든든해졌다.

★

★

칭찬일기

칭찬일기는 미래의 나에게 보내는 응원입니다.

★ 예) 가슴 깊이 숨 쉬며 버틴 내가 자랑스럽다.

★

★

DAY 65

감사일기

감사는 상처를 지혜로 바꿔줍니다.

★ 예) 힘든 순간에도 포기하지 않고 다시 일어설 수 있는 내 안의 용기에 감사하다.

★

★

칭찬일기

오늘의 기록이 내일의 자존감을 만듭니다.

★ 예) 매일 감사와 긍정을 습득해가는 내가 참 사랑스럽고 자랑스럽다.

★

★

DAY 66

감사일기

감사는 어제를 용서하고, 오늘을 살며, 내일을 꿈꾸게 합니다.

★ 예) 66일간 매일 감사일기를 쓴 내가 자랑스럽다. 모든 순간이 선물이었다. 매일 감사를 발견하고, 모든 순간에 감동하며, 나를 귀하게 보살피며 살고 싶다. 있는 그대로의 나 자신을 사랑할 수 있어서 감사하다. 행복의 의미를 깨닫게 되어서 감사하다.

★

★

3부

나를 찾아가는 질문

3부에서는 총 6가지의 주제로 여러분의 마음을 비추는 질문들을 준비했습니다. 내 마음속에 있는 밝은 빛 로고스를 발견하면, 진심으로 내가 원하는 삶의 지도가 그려질 거예요. 지금 당신이 어디에 있는지, 어디로 가고 싶은지, 자신이 어떤 사람이며 어떤 가치를 중심으로 살아가고 싶은지도 알게 될 겁니다.

또한 내가 원하고 꿈꾸는 미래를 찾아가게 될 거예요.
답은 항상 내 안에 있습니다.
삶이 던지는 질문에 대해, 우리는 매 순간 대답하고 있어요.
그 대답 속에서 나의 삶의 의미는 조금씩 명확해지죠.

하루에 여러 개 답을 해도 좋고, 한두 개씩만 답해도 좋습니다.
그 기록이 당신의 삶을 이끄는 등불이 될 거예요.

당신의 삶은 의미 있고,
당신의 꿈은 가치 있습니다.
응원할게요.

Chapter 1
나의 장점과 가능성을 발견하는 질문들

우리는 종종 자신의 단점과 부족함에 더 집중합니다. 그러나 뇌과학과 긍정심리학은 분명히 말합니다. 자신의 강점을 인식하고 활용하는 사람일수록 더 행복하고 더 큰 성취를 경험한다는 것입니다. 뇌는 우리가 주의를 기울이는 대상을 강화합니다. 자신의 장점과 가능성에 대해 질문하고 답하는 과정은, 뇌 속 긍정적 신경망을 확장시키고 자신감을 키우는 훈련이 됩니다.

이 장의 질문들은 여러분 안에 이미 존재하는 숨은 자원과 잠재력을 발견하게 할 것입니다. 답하는 과정에서 "나는 생각보다 많은 것을 가지고 있구나."라는 깨달음을 얻을 수 있습니다. 이는 앞으로의 변화 여정에서 강력한 토대가 될 것입니다. 자신의 강점을 발견하는 순간, 뇌는 그 가능성을 더 자주 떠올리고, 더 크게 실현하려는 방향으로 나아가게 됩니다.

★ 내가 가장 자랑스러웠던 순간은 언제였나요?

★ 주변 사람들이 자주 칭찬해주는 나의 장점은 무엇인가요?

★ 어릴 적 꿈은 무엇이었고, 지금은 그 꿈에 얼마나 가까워 졌나요?

★ 한번 집중하면 시간 가는 줄 모르는 일은 무엇인가요?

★ 지금까지 가장 성취감을 느꼈던 일은 어떤 것이었나요?

★ 사람들이 나에게 자주 도움을 요청하는 일은 어떤 것인가요?

★ 내가 쉽게 배우는 분야는 무엇인가요?

★ 어려운 상황에서도 포기하지 않았던 나의 모습은 언제였나요?

★ 내가 가진 능력 중 더 발전시키고 싶은 것은 무엇인가요?

★ 만약 두려움이 없다면 지금 무엇을 도전하고 싶나요?

★ 내가 남들보다 유난히 열정적으로 임하는 일은 무엇인가요?

★ 지금의 나를 만든 가장 결정적인 선택은 무엇인가요?

★ 누군가를 도와줬을 때 느꼈던 기쁨을 기억해보세요. 어떤 상황이었나요?

★ 실패 후에 배운 중요한 교훈은 무엇이었나요?

★ 내가 가진 잠재력 중 아직 사용하지 않은 것은 무엇인가요?

★ 어려운 시기를 이겨낸 나의 힘은 무엇이었나요?

★ 내가 가장 잘하는 일은 무엇이라고 생각하나요?

★ 지금 내 인생에서 가장 빛나는 능력은 무엇인가요?

★ 나는 어떤 환경에서 최고의 나를 보여주나요?

★ 나의 성장을 가장 크게 도운 사람은 누구였고, 무엇을 배웠나요?

★ 내가 나 스스로에게 감사했던 순간은 언제였나요?

★ 내가 가진 독특한 재능은 무엇인가요?

★ 내 인생에서 가장 많이 성장한 시기는 언제였나요?

★ 지금의 나는 어떤 방향으로 변화하고 있나요?

★ 내 안의 '가능성'이라는 단어를 듣고 떠오르는 장면은 무엇인가요?

★ 내가 '나는 괜찮은 사람이야'라고 느꼈던 순간은 언제인가요?

★ 누군가에게 영감을 주었던 경험이 있나요?

★ 내가 성장한 환경이 지금의 나에게 어떤 영향을 주었나요?

★ 지금 내 삶에 필요한 성장 키워드는 무엇이라고 생각하나요?

★ 내가 더 많이 표현하고 싶은 나의 모습은 어떤 것인가요?

Chapter 2
삶에 대한 감사와 긍정의 질문들

감사의 마음은 단순한 도덕적 태도가 아닙니다. 뇌과학 연구에 따르면, 감사와 긍정을 표현할 때 세로토닌과 도파민 같은 신경전달물질이 증가하여 정서적 안정과 동기부여가 강화됩니다. 하버드 대학의 장기 연구에서도, 감사일기를 쓰는 사람들이 그렇지 않은 사람들보다 삶의 만족도와 회복탄력성(resilience)이 훨씬 높다는 결과가 보고되었습니다.

이 파트의 질문들은 여러분의 삶에 이미 주어진 선물과 축복을 다시 바라보도록 안내합니다. 답을 쓰는 과정은 단순히 마음을 따뜻하게 할 뿐 아니라, 뇌 속에 긍정 회로를 강화하는 과학적 훈련이 됩니다. 작은 감사의 발견이 쌓일수록, 삶은 더 밝고 단단해집니다.

★ 오늘 하루 중 감사할 일이 단 하나 있다면 무엇인가요?

★ 지금 내가 살아 있음에 감사할 이유는 무엇인가요?

★ 지난 1년 동안 감사했던 순간들을 기억해보세요.

★ 삶이 내게 준 선물은 무엇인가요?

★ 자연 속에서 느꼈던 경이로움은 어떤 순간이었나요?

★ 내 주변에 있는 '고마운 사람들'을 떠올려보세요. 누가 있나요?

★ 과거의 고통이 지금 나에게 어떤 선물이 되었나요?

★ 오늘 내 몸에서 고마운 부분은 어디인가요?

★ 내가 자주 잊고 있는 감사의 대상은 무엇인가요?

★ 내가 살아온 여정 중 감사하게 생각되는 선택은 무엇인가요?

★ 오늘 나를 웃게 만든 일은 무엇이었나요?

★ 일상 속의 소소한 행복 중 감사할 것은 무엇이었나요?

★ 과거에는 원망했지만 지금은 고맙게 느껴지는 일은 무엇인가요?

★ 내가 받은 가장 따뜻한 말은 무엇이었나요?

★ 내게 힘을 주는 문장이나 명언이 있나요?

★ 내가 만든 가장 아름다운 기억은 무엇인가요?

★ '지금'이라는 순간에 감사하는 이유는 무엇인가요?

★ 나의 실수 속에서도 배운 점은 무엇이었나요?

★ 일상의 반복 속에서 내가 놓치고 있는 감사는 무엇인가요?

★ 내가 가진 것 중 가장 소중한 것은 무엇인가요?

★ 나는 내 인생에서 어떤 '선물'을 자주 잊곤 하나요?

★ 오늘 나를 웃게 만든 사람이 있다면, 누구였나요?

★ 내가 가진 환경 중 감사할 수 있는 것은 무엇인가요?

★ 지금 이 순간, 숨 쉬고 있다는 것의 의미는 무엇인가요?

★ 나를 다시 일어서게 한 감사한 기억은 무엇이었나요?

★ 오늘 아침 눈을 떴을 때 가장 먼저 든 생각은 무엇이었나요?

★ 지금 손에 쥐고 있는 것 중 가장 감사한 것은 무엇인가요?

★ 내가 가진 삶의 여유 중 감사한 순간은 언제였나요?

★ 내가 사랑하는 사람에게 전하고 싶은 고마운 말은 무엇인가요?

★ 내가 가장 많이 받았던 사랑은 어떤 방식이었나요?

Chapter 3
운명을 축복하고 삶을 기대하는 질문들

삶에는 우리가 통제할 수 없는 사건들이 있습니다. 그러나 심리학자 빅터 프랭클은 "우리가 상황을 바꿀 수 없을 때, 우리는 자신을 바꿀 수 있다"고 말했습니다. 이는 운명을 어떻게 해석하고 받아들이는가가 삶의 질을 결정한다는 뜻입니다.

이 장의 질문들은 우리가 겪어온 경험과 운명을 원망하는 대신, 그것을 축복과 배움의 기회로 해석하도록 돕습니다. 뇌과학적으로도, 부정적 사건을 긍정적으로 재해석할 때 전두엽의 인지조절 기능이 활성화되고, 스트레스 반응이 완화된다는 연구가 있습니다. 질문에 답하면서 여러분은 삶을 새로운 눈으로 바라보고, 다가올 미래에 대한 기대를 키워나가게 될 것입니다. 운명을 축복할 때, 뇌는 희망을 학습합니다.

★ 지금 내 삶에 일어난 모든 일이 결국 나를 위한 것이라면, 어떤 의미가 있을까요?

★ 내가 지금 겪고 있는 일 중 축복으로 바꿀 수 있는 것은 무엇인가요?

★ 삶이 나에게 어떤 메시지를 주고 있다고 느껴지나요?

★ 내가 겪은 고난이 '운명'이라면, 나는 그것과 어떻게 함께 살아가고 싶나요?

★ 지금까지의 삶을 돌아볼 때 가장 '운명적'이었던 순간은 언제였나요?

★ 내게 주어진 삶의 '과제'는 무엇이라고 느끼나요?

★ 나는 어떤 방식으로 내 운명에 '예'라고 말할 수 있을까요?

★ 과거의 상처에서 어떤 새로운 가능성이 태어났나요?

★ 지금 이 순간, 내 인생에 일어날 수 있는 기적은 무엇일까요?

★ 내가 가장 기대하고 있는 미래의 순간은 어떤 모습인가요?

★ 매일 아침 눈을 뜨며 기대하는 것이 있다면 무엇인가요?

★ 내가 다시 태어나도 지금의 나로 살고 싶은 이유는 무엇인가요?

★ 지금 삶이 나에게 주고 있는 가장 큰 선물은 무엇인가요?

★ 내가 바꾸지 못하는 것을 받아들이며 얻는 평화는 어떤 모습인가요?

★ '이 또한 지나가리라'는 말이 위로가 되었던 적이 있나요?

★ 내 삶에서 반드시 이루고 싶은 '한 가지 소망'은 무엇인가요?

★ 지금 내가 겪고 있는 어려움이 내 삶에 어떤 성장을 줄까요?

★ 나의 운명이란 단어를 들었을 때 어떤 이미지가 떠오르나요?

★ 지금 나에게 필요한 용기는 무엇인가요?

★ 나는 어떤 삶을 통해 세상에 긍정적인 영향을 주고 싶나요?

★ 현재의 내가 과거의 나에게 해주고 싶은 말은 무엇인가요?

★ 미래의 내가 지금의 나를 바라본다면 어떤 말을 해줄까요?

★ 나는 어떤 순간에 '삶은 참 살 만하다'고 느꼈나요?

★ 삶이 나에게 기대하는 것은 무엇일까요?

★ 나는 지금 어떤 것을 통해 내 삶의 의미를 찾고 있나요?

★ 하루 중 가장 살아 있다고 느끼는 순간은 언제인가요?

★ 내 인생의 주제곡이 있다면 어떤 노래인가요?

★ 내가 매일 마주하는 일상에서 기대하는 변화는 무엇인가요?

★ 삶이 나에게 던진 질문이 있다면, 그것은 무엇인가요?

★ 나는 지금 어떤 이야기를 쓰고 있는 인생의 주인공인가요?

Chapter 4
사람과의 관계 속에서 의미를 찾는 질문들

인간은 관계적 존재입니다. 행복에 관한 전 세계적 연구, '하버드 성인발달연구(Harvard Study of Adult Development)'는 삶에서 가장 큰 행복과 만족을 주는 요인은 돈이나 명예가 아니라 '좋은 인간관계'라는 사실을 명확하게 보여줍니다.

이 장의 질문들은 여러분이 주변 사람들과의 관계를 돌아보고, 그 속에서 삶의 의미와 에너지를 다시 발견하도록 도와줍니다. 관계를 성찰하고 감사할 때, 뇌는 옥시토신(oxytocin)과 같은 호르몬을 분비하여 안정감과 유대감을 강화합니다. 답하는 과정 속에서 "나는 혼자가 아니구나, 관계 속에서 더 큰 의미를 얻을 수 있구나"라는 깨달음을 얻게 될 거예요.

★ 내 인생에서 가장 깊은 영향을 준 사람은 누구인가요?

★ 지금 가장 감사한 사람은 누구인가요?

★ 나는 누구에게 깊은 영향을 주었을까요?

★ 내가 진심으로 소중하게 생각하는 사람은 누구이며, 왜 그런가요?

★ 내가 한 말이나 행동이 누군가에게 위로가 되었던 기억이 있나요?

★ 나를 있는 그대로 받아주는 사람은 누구인가요?

★ 내가 사랑하는 사람들에게 더 표현하고 싶은 말은 무엇인가요?

★ 관계 속에서 내가 배운 가장 큰 교훈은 무엇인가요?

★ 나는 누군가에게 어떤 사람으로 기억되고 싶나요?

★ 내가 놓치고 있던 소중한 사람은 누구인가요?

★ 지금 떠오르는 고마운 얼굴은 누구인가요?

★ 내 마음을 힘들게 했던 말이 오히려 나에게 도움이 되었던 적이 있나요?

★ 내가 미안한 마음을 갖고 있는 사람이 있다면, 그 이유는 무엇인가요?

★ 누군가의 마음을 돌보는 동안 얻은 나의 변화는 무엇인가요?

★ 내 곁에 있는 사람들에게 내가 줄 수 있는 선물은 무엇인가요?

★ 지금 떠오르는 '함께 울어준 사람'은 누구인가요?

★ 내가 용서하고 싶은 사람은 누구인가요?

★ 내가 용서받고 싶은 사람은 누구인가요?

★ 함께 있으면 마음이 편해지는 사람은 누구인가요?

★ 나의 사랑을 아직 전하지 못한 사람은 누구인가요?

Chapter 5
내 삶의 의미와 존재의 가치를 되돌아보는 질문들

궁극적으로 인간은 "나는 왜 살아야 하는가?"라는 질문을 피할 수 없습니다. 심리학적 연구에 따르면, 삶의 의미를 인식하고 있는 사람은 그렇지 않은 사람보다 우울과 불안이 낮고, 회복탄력성과 삶의 만족도가 높다는 결과가 꾸준히 보고되고 있습니다.

이 장의 질문들은 여러분이 삶의 근본적 의미와 존재의 가치를 깊이 성찰하도록 돕습니다. 답을 적어가는 과정은 단순한 자기분석이 아니라, 삶의 방향을 다시 설정하고, 미래를 설계하는 행위입니다. 뇌는 우리가 자주 떠올리는 '큰 그림'을 점차 현실로 구현하려는 성향을 가집니다. 따라서 자신의 존재 가치를 자각하는 것은 곧 앞으로의 삶을 새롭게 그려가는 시작점이 됩니다.

마지막 질문에 다다를 즈음, 여러분은 스스로에게 이렇게 말할 수 있을 것입니다. "나는 이미 충분히 가치 있는 존재이며, 나의 삶은 크나큰 의미와 가능성을 품고 있다."

★ 내가 지금 이 자리에 살아 있는 이유는 무엇일까요?

★ 지금 나의 삶에서 '의미 있는 일'은 무엇인가요?

★ 내가 겪은 고통은 어떤 가치를 만들어냈나요?

★ 내가 지금까지 살아오면서 가장 잘한 선택은 무엇인가요?

★ 내 인생에서 가장 후회 없는 순간은 언제였나요?

★ 나에게 있어서 '행복'이란 어떤 상태인가요?

★ 내 인생의 가장 큰 질문은 무엇이었고, 그 답은 무엇이었나요?

★ 지금 나는 나 자신을 어떻게 바라보고 있나요?

★ 내가 가장 나답다고 느끼는 순간은 언제인가요?

★ 인생에서 가장 의미 있는 대화를 나눴던 순간은 언제인가요?

★ 내가 지금까지 이룬 것 중, 가장 의미 있었던 것은 무엇인가요?

★ 내가 죽기 전에 꼭 이루고 싶은 일은 무엇인가요?

★ 인생을 하나의 영화라고 했을 때, 나는 어떤 장면에 살고 있나요?

★ 세상이 나에게 기대하는 역할은 무엇이라고 생각하나요?

★ 내가 죽기 전에 남기고 싶은 말 한마디가 있다면, 어떤 말일까요?

★ 지금 내가 쓰고 있는 인생의 마지막 장에는 어떤 이야기가 담겨 있길 바라나요?

★ 내 존재가 누군가에게 위안이 되었다고 느꼈던 순간은 언제인가요?

★ '나'라는 사람의 진짜 가치는 무엇인가요?

★ 내가 지금 가진 모든 것을 내려놓아도 내 안에 남아 있을 단 한 가지는 무엇인가요?

★ 오늘 내가 세상에 남기고 싶은 흔적은 무엇인가요?

Chapter 6
나의 꿈과 미래를 향한 기대를 여는 질문들

꿈과 미래에 대해 생각하는 건 나의 가능성을 믿는 일이고, 삶에 대한 기대는 우리가 견디는 힘이자 살아갈 의미가 됩니다. 그래서 지금 이 순간, 당신이 어떤 삶을 꿈꾸고 싶은지 천천히 마주해보는 시간은 참 소중합니다.

마지막 장에서는 '나의 꿈과 미래'에 대한 기대를 발견할 수 있는 30가지 로고테라피 질문을 준비했습니다. 질문 하나하나가 당신의 마음속에서 잔잔한 울림이 되기를 바랍니다.

★ 지금 당장 이룰 수 없다 해도, 꼭 이루고 싶은 꿈은 무엇인가요?

★ 내가 평생 한 가지 일을 한다면, 무엇을 하고 싶나요?

★ 10년 후의 나는 어떤 모습으로 살고 있을 것 같나요?

★ 내가 늙어서 후회하지 않으려면, 지금 어떤 삶을 살아야 할까요?

★ 아직도 포기하지 못한 꿈이 있다면 무엇인가요?

★ 내가 진심으로 원하는 '삶의 방식'은 어떤 모습인가요?

★ 지금보다 더 의미 있는 삶을 살기 위해, 무엇을 바꾸고 싶나요?

★ 내가 지금 하는 일이 나의 미래에 어떤 영향을 줄까요?

★ 오늘 내가 시작할 수 있는 가장 작은 '변화'는 무엇인가요?

★ 과거의 나에게 '넌 결국 이런 사람이 될 거야'라고 말해 준다면, 뭐라고 말해주고 싶나요?

★ 가장 나다운 삶이란 어떤 삶일까요?

★ 내가 꿈꾸는 하루 일과는 어떤 모습인가요?

★ '내가 이 일을 해냈다'고 말할 수 있는 순간이 있다면, 어떤 장면일까요?

★ 사람들에게 어떤 사람으로 기억되고 싶은가요?

★ 인생의 마지막 날, 가장 후회하고 싶지 않은 것은 무엇인가요?

★ 내가 죽기 전 꼭 해보고 싶은 일이 있다면, 그것은 무엇인가요?

★ 지금의 내가 나중에 어떤 사람을 만나고 싶고, 어떤 관계를 맺고 싶나요?

★ 내가 내 아이나 후배에게 해주고 싶은 삶의 조언은 무엇인가요?

★ 내가 세상에 남기고 싶은 가치는 어떤 것인가요?

★ '그땐 힘들었지만 해보길 잘했어'라고 말할 수 있는 일은 어떤 것일까요?

★ 내 인생에 있어서 가장 중요한 우선순위는 무엇인가요?

★ 나는 어떤 방식으로 세상에 기여하고 싶나요?

★ 미래에 나에게 꼭 전하고 싶은 말 한마디가 있다면 무엇인가요?

★ 내가 이루고 싶은 꿈을 누군가 대신 이룬다면, 나는 어떤 감정을 느낄까요?

★ 지금 가장 기대하고 있는 일은 무엇인가요?

★ 나의 재능이 미래에 어떤 방식으로 빛날 수 있을까요?

★ 내가 꿈꾸는 삶의 공간(자연, 도시, 공동체 등)은 어떤 모습인가요?

★ 만약 내 삶이 영화로 만들어진다면, 어떤 결말이었으면 하나요?

★ 앞으로 1년 동안, 나에게 가장 중요한 목표는 무엇인가요?

★ 지금 이 순간, 내 인생을 믿고 응원해줄 '미래의 나'에게 하고 싶은 말이 있다면?

행복한 마음도 습관입니다

초판 1쇄 인쇄 2025년 9월 20일
초판 1쇄 발행 2025년 9월 30일

지 은 이　박상미
발 행 인　정수동
발 행 처　저녁달

편집주간　이남경
편　　집　김유진
디 자 인　Yozoh Studio Mongsangso

출판등록　2017년 1월 17일 제406-2017-000009호
주　　소　경기도 파주시 문발로 142 니은빌딩 304호
전　　화　02-599-0625
팩　　스　02-6442-4625
이 메 일　book@mongsangso.com
인스타그램　@eveningmoon_book
유 튜 브　몽상소

ISBN　979-11-89217-78-5　　03180

* 저작권법에 의해 보호를 받는 저작물이므로 무단전재와 무단복제를 금합니다.
* 잘못 만들어진 책은 구입하신 서점에서 교환해드립니다.